もっとおいしく、
ながーく安心

# 食品の保存テク

監修
**徳江千代子**
東京農業大学元教授
博士（農芸化学）

朝日新聞出版

## はじめに

## 週末はまとめ買いをして楽しい食品保存生活を！

ムダなくおいしく食べきるために、それぞれの食品に適した保存をしていますか？

本書では、今までの保存法を見直し、あらゆる食材の鮮度をキープして長もちさせるための食品保存のテクニックを豊富に紹介しています。約175種類の食品を取り上げ、それぞれの保存法の「保存期間」、冷凍保存した際に失敗しない「解凍方法」、食材に含まれる「栄養成分と効能」、食材が一年中で最もおいしい「旬と選び方」、安全に食べるための「洗い方や下処理」など、情報満載の一冊です。

キッチンの片隅に置いて興味ある食材のページから開いて見てみましょう。買い物の前や料理の合間に手にすれば多くの情報が得られます。ムダなく、経済的に食材を食べきる保存方法の参考にしてください。

週末に食品をまとめ買いして、楽しく食品保存生活を送る手助けになれば、うれしく思います。

徳江千代子

3

# もくじ

## もっとおいしく、ながーく安心 食品の保存テク

はじめに 週末はまとめ買いをして楽しい食品保存生活を！ 2

この本の使い方 8

### PART 1 食品保存のきほん 9

食品保存のきほん① 食材が傷む原因を知る 10

食品保存のきほん② 食材に適した保存方法を知る 12

**COLUMN** 1 常温保存／2 冷蔵保存／3 冷凍保存／4 干す／5 漬ける

食品保存に必要な道具 20

### PART 2 野菜・果物の保存テク 21

野菜・果物の保存徹底検証① にんじんの保存、どっちが正解？ 22

野菜・果物の保存徹底検証② しょうがの保存、どっちが正解？ 24

野菜・果物の保存徹底検証③ 新玉ねぎの保存、どっちが正解？ 25

野菜・果物の特徴を知る① 保存法が違うのはどうして？ 26

野菜・果物の保存徹底検証④ トマトの保存、どっちが正解？ 28

野菜・果物の保存徹底検証⑤ かたいキウイフルーツの保存、どっちが正解？ 29

野菜・果物の特徴を知る② 低温障害とエチレンガスって？ 30

野菜・果物の保存徹底検証⑥ 葉物野菜の保存、どっちが正解？ 32

野菜・果物の保存徹底検証⑦ キャベツの保存、どっちが正解？ 33

野菜・果物の特徴を知る③ 包み方、袋の入れ方のルール 34

野菜・果物の保存徹底検証⑧ 野菜の冷凍、どれが正解？ 36

野菜・果物の特徴を知る④ 野菜の冷凍保存方法 38

## 葉物野菜

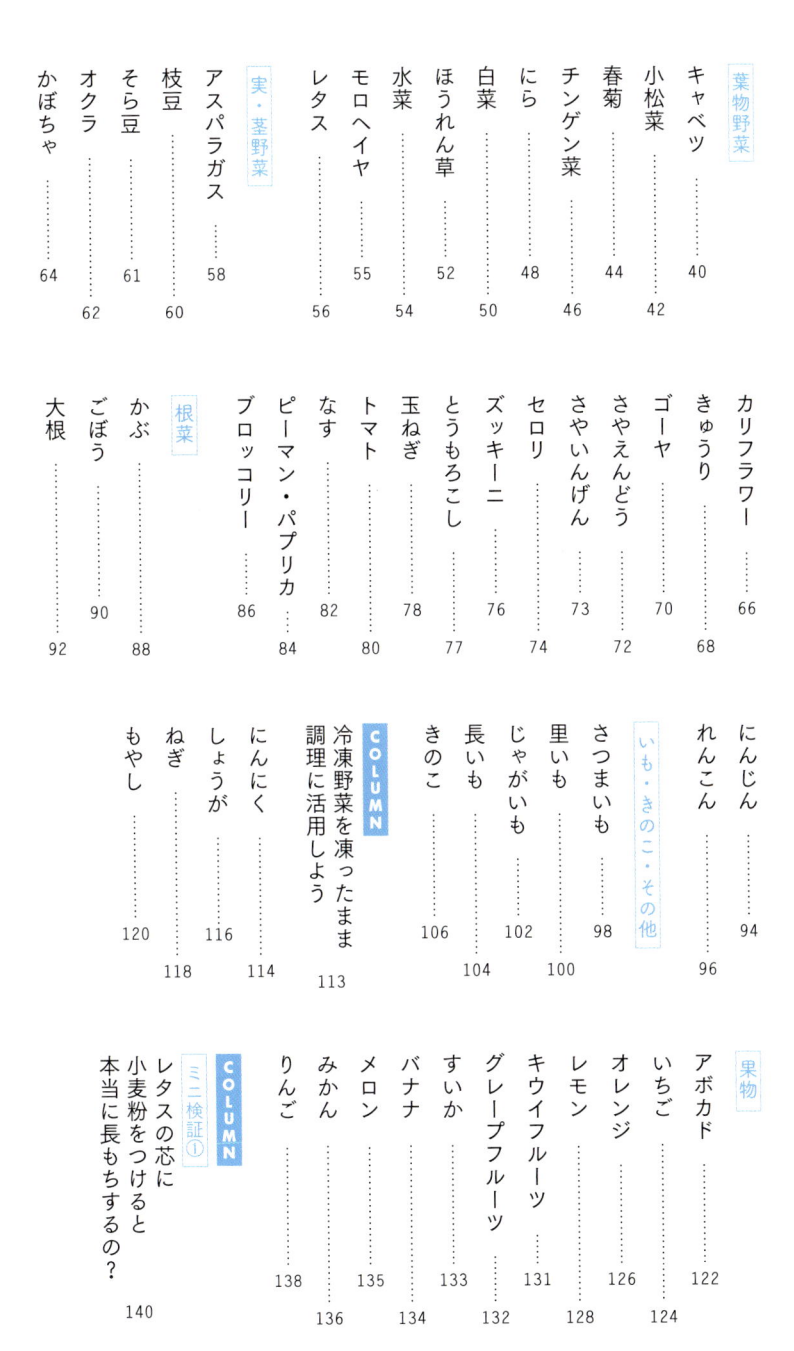

- キャベツ ……… 40
- 小松菜 ……… 42
- 春菊 ……… 44
- チンゲン菜 ……… 46
- にら ……… 48
- 白菜 ……… 50
- ほうれん草 ……… 52
- 水菜 ……… 54
- モロヘイヤ ……… 55
- レタス ……… 56

## 実・茎野菜

- アスパラガス ……… 58
- 枝豆 ……… 60
- そら豆 ……… 61
- オクラ ……… 62
- かぼちゃ ……… 64
- カリフラワー ……… 66
- きゅうり ……… 68
- ゴーヤ ……… 70
- さやえんどう ……… 72
- さやいんげん ……… 73
- セロリ ……… 74
- ズッキーニ ……… 76
- とうもろこし ……… 77
- 玉ねぎ ……… 78
- トマト ……… 80
- なす ……… 82
- ピーマン・パプリカ ……… 84
- ブロッコリー ……… 86

## 根菜

- かぶ ……… 88
- ごぼう ……… 90
- 大根 ……… 92
- にんじん ……… 94
- れんこん ……… 96

## いも・きのこ・その他

- さつまいも ……… 98
- 里いも ……… 100
- じゃがいも ……… 102
- 長いも ……… 104
- きのこ ……… 106
- ねぎ ……… 120
- しょうが ……… 116
- にんにく ……… 114
- もやし ……… 120

**COLUMN** 冷凍野菜を凍ったまま調理に活用しよう ……… 113

## 果物

- アボカド ……… 122
- いちご ……… 124
- オレンジ ……… 126
- レモン ……… 128
- キウイフルーツ ……… 131
- グレープフルーツ ……… 132
- バナナ ……… 133
- すいか ……… 134
- メロン ……… 135
- みかん ……… 136
- りんご ……… 138

**COLUMN** ミニ検証① レタスの芯に小麦粉をつけると本当に長もちするの？ ……… 140

# PART 3 肉・魚介類の保存テク 141

- 肉・魚介類の保存徹底検証① 肉の保存、どっちが正解？（冷蔵編） 142
- 肉・魚介類の保存徹底検証② 肉の保存、どっちが正解？（冷凍編） 144
- 肉・魚介類の保存徹底検証③ 肉の保存、どっちが正解？（冷凍編） 146
- 肉の冷蔵・冷凍保存の基本 148
- 肉・魚介類の保存徹底検証④ 魚介の保存、どっちが正解？（冷蔵編） 150
- 肉・魚介類の保存徹底検証⑤ 一尾魚の保存、どっちが正解？（冷凍編） 152
- 魚介の冷蔵・冷凍保存の基本 154
- 肉・魚介類の保存徹底検証⑥ ハンバーグの保存、どっちが正解？ 156
- 肉・魚介類の保存徹底検証⑦ 鮭の切り身の保存、どっちが正解？ 157
- 冷凍中に起こる変化を知る 加熱後の切り身の冷凍はなぜまずい？ 158

- 牛肉 160
- 鶏肉 164
- 豚肉 168

COLUMN 食品保存の科学1 賞味期限の秘密 171

- レバー 172
- ひき肉 174
- 食肉加工品 176

COLUMN 食品保存の科学2 どうして食中毒になるの？ 179

- 一尾魚 180

COLUMN 海藻の保存 183

- 切り身魚 184
- 刺身 188
- いか 190
- えび 192
- ほたて 194
- あさり・しじみ 196
- うなぎのかば焼き 198
- しらす干し 199
- いくら 200
- たらこ 201

COLUMN ミニ検証② えびフライを冷凍するのは揚げる前か、後か 202

## PART 4 卵・乳製品・大豆製品・加工品の保存テク …203

卵・乳製品・大豆製品の保存徹底検証① 卵の保存、どれが正解？ …204
卵の特徴を知る 卵の保存ルール …206
卵・乳製品・大豆製品の保存徹底検証② 生クリームの保存、どっちが正解？ …208
卵・乳製品・大豆製品の保存徹底検証③ 豆腐の保存、どっちが正解？ …209
乳製品の特徴を知る 生クリームの保存ルール …210
大豆製品の特徴を知る 豆腐の保存ルール …211

- 卵 …212
- チーズ …214
- ヨーグルト …217
- 牛乳 …218
- 生クリーム …219
- バター・マーガリン …220
- 豆腐 …222
- 厚揚げ・油揚げ …224
- 納豆・豆乳・高野豆腐 …226
- 練り製品 …228
- こんにゃく …231

COLUMN ミニ検証③ クッキー生地は冷蔵？冷凍？ …232

## PART 5 主食＆その他食品の保存テク …233

- 米・雑穀・ごはん …234
- 麺 …236
- パン …240
- シリアル …241
- 乾物 …242
- ハーブ …244
- 粉類・茶葉・その他 …246
- 調味料 …248

食品保存・INDEX …255

# この本の使い方

- インデックス（P255〜）を参照して調べたい食材を調べてみましょう。
- 賞味期限、保存方法がひと目で分かり、食材の旬や栄養成分、目利きポイントなどが分かるようになっています。
- おいしく長もちさせるための「冷蔵」「冷凍」「常温」「漬ける」「干す」など、特におすすめの保存法を詳しく紹介しています。
- 保存期間はあくまでも目安です。住環境、季節、室温、湿度などの条件によって変わることがあります。

## 旬
知っておくと得する、その食材が最もおいしい季節を紹介。

## ひと目で分かる保存方法
適する保存方法は○、適さない保存方法は×で表示。

## 選び方
新鮮でおいしいものを選ぶための目利きポイントを解説。

## 保存期間・賞味期限・消費期限
加工品は賞味期限、傷みやすい食品には消費期限、それ以外はおすすめの保存方法の保存期間を表示。

## 栄養成分
健康管理に役立つ、食材に含まれる栄養成分と効能を記載。

## 保存期間
冷蔵、冷凍などの保存期間を表示。常温は夏場以外をさす。

## おいしい解凍法
食材を冷凍保存した際の、失敗しない解凍方法などを紹介。

## コラム
知って得するちょっとした豆知識などを紹介。

## 安心ポイント
気になる残留農薬や有害物質を取り除く方法などを記載。

## PART 1

＼しっかりマスター！／

# 食品保存
## のきほん

食材をムダなくおいしく長もちさせるには、今までの保存法を見直すこと。あらゆる食材の鮮度をキープして長もちさせる〝常識を覆す食品保存のテクニック〟をご紹介します。

Basics of food preservation.

食品保存のきほん①

# 食材が傷む原因を知る

食材が傷む原因は実にさまざま。食材を保存する際には、適温適所の環境を理解し、きちんと保存することが重要なのです。

## 1 温度や湿度などさまざま

### 湿度
湿度が高く蒸れてしまうと傷みが早くなる食材が多い。

### 温度
食材によっては高温に弱いもの、低温に弱いものがあるので注意。

### エチレンガス
野菜や果物から放出され、熟成を促進するガス。追熟や老化を促す。

**食材が傷む原因 ✕**

### 酸素
空気に触れることで酸化し、微生物が増殖するので傷みが早くなる。

### 酵素
酵素によってカビや多くの微生物が増殖するので、傷みやすくなる。

### 微生物
食品に含まれる微生物が酵素や酸素などにより増殖し、変敗させる。

### 光
食材は、直射日光などの光によって変色し傷みが早まる。

### 基本は適切な環境で保存すること

せっかくの新鮮な食材も、間違った保存法や保存場所で管理していると、すぐに傷んでしまいます。温度や湿度、酸素、酵素、微生物、エチレンガス、酵素、光など、傷む原因はさまざま。ペーパータオルやラップを使い、水分と酸素をカットして菌が繁殖しない適切な環境で保存することにより、鮮度をキープしたまま長期保存することが可能となります。

## 2 傷む原因を排除するのが保存の基本

### 保存前のひと手間で傷みを防ぐ

食材の保存法に適温適所があることを理解したら次のステップです。菌の繁殖を防ぐためには、食材から出る余分な水分を取り除いたり、酸化防止のため、空気に触れないようにラップで包んだり、下味をつけたりと、ひと手間かけることが重要です。傷む原因を排除し、おいしく保存できる技をマスターしましょう。

---

**傷む原因を取り除くには……**

### ① 水分を抜き取る

食材によって、よく洗ったり、水洗いせずにペーパータオルで汚れを拭き取るなどしてから、余分な水分をペーパータオルでしっかりと拭き取ること。

### ② 酸素をカット

空気に触れないように、ラップでぴっちり包んで空気を抜く。冷蔵の場合は、その後、ポリ袋に入れる。冷凍の場合は、冷凍用保存袋に入れること。

### ③ 冷やす or 涼しい所に保存

食材の特徴に応じて冷蔵室・冷凍室・冷暗所（適温適所）に保存する。保存の際は、ペーパータオルや新聞紙に包む、立てて保存するなど食材に合ったやり方で。

### ④ 塩をふったり酢に漬ける

食材に応じて、水分を低下させ傷みを防ぐために、塩をふったり、酢に漬けたり、下味をつけてから保存することも。より長もちさせるには、ひと手間加えることがポイント。

食品保存のきほん②

# 食材に適した保存方法を知る

食材保存のポイントは適温適所で保存すること。「常温」「冷蔵」「冷凍」「干す」「漬ける」の保存法を上手に活用しましょう。

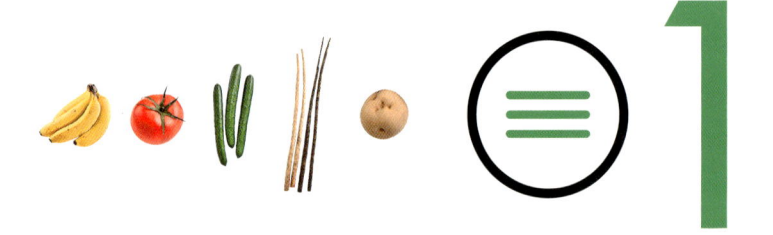

## 1 常温保存

**どんな食材に向いてるの？**

いも、泥つき根菜、低温に弱い野菜と果物など

**冷暗所ってどのぐらい？**

**14℃以下**

通気性がよく日が当たらない涼しい場所

**常温ってどのぐらい？**

**15〜25℃**

直射日光が当たらず多湿ではない場所

常温保存も季節によっては注意して

常温とは15〜25℃を指し、直射日光が当たらず、多湿ではない場所のことをいいます。基本的にいも類や泥つきの根菜類などは、通年常温での保存が可能です。ほかに、低温障害を起こしやすいトマトやきゅうりなども常温保存が好ましいのですが、梅雨や夏場など季節によっては傷みが早くなるので野菜室で保存します。

12

PART 1 | 食品保存のきほん

### 常温保存の POINT

水分を拭き取り、乾燥防止にペーパータオルや新聞紙などに包み、段ボールやかごに入れて冷暗所や風通しのよい場所に保存。

## 段ボールに入れる

段ボールに新聞紙を敷き、りんごなどをペーパータオルまたは新聞紙で包んで並べる。

いも類などは、上に新聞紙をかぶせて保存。蓋は閉じない。

## 立たせる

長ねぎやごぼうは新聞紙に包んで紙袋に入れ、立たせて保存。

段ボールに長ねぎやごぼうなどの長い野菜を立たせて保存。

## 吊るす・かごに入れる

にんにくや玉ねぎはネットなどに入れて吊るす。バナナはフックに。

トマト、なすなどは新聞紙やペーパータオルに包んでかごに入れて。

## 湿気に弱い野菜は新聞紙に包んで保存を

常温で保存する野菜は、余分な水分を拭き取り、乾燥を防ぐため新聞紙やペーパータオルに包んで冷暗所で保存が基本です。冷暗所とは、昔の家屋の台所の床下など、14℃以下を保つ家の中で最も涼しい場所のこと。現代では、冷暗所のある家は少ないので、その場合は、いも類や泥つきの根菜類以外は、野菜室での保存が適しているでしょう。

# 2 冷蔵保存

### どんな食材に向いてるの？

ほうれん草や小松菜、レタスなどの葉物野菜、きのこ類、新玉ねぎ、洗いにんじん、洗いごぼうなど

＋

肉・魚
卵・豆腐

### 冷蔵保存は4種類

**冷蔵室**
**0〜5℃**
青菜やきのこ類など5℃前後の保存温度に適した食材。

**野菜室**
**5〜10℃**
夏野菜など低温障害を起こしやすい野菜や果物。

**チルド室**
**0℃**
鮮度は保ちたいが、凍らせたくない食材。

**パーシャル室**
**-3℃**
肉・魚介などの生鮮食材。鮮度保存効果が高い。

## 生鮮食品の菌を抑えて食品の衛生性を保つ

冷蔵庫は基本的に10℃以下での保存が必要な食材を保存します。細菌の繁殖を抑え、食品の衛生性を保つため、場所により温度設定も異なります。肉や魚などの生鮮食品はチルド室やパーシャル室へ、低温障害を起こす野菜は野菜室へ、葉物野菜やきのこ類、乳製品、卵は冷蔵室へというように、その食材に適した環境で保存することが一番重要です。

PART 1 | 食品保存のきほん

## 冷蔵保存の POINT

食材に適した場所で保存。低温障害を起こしやすいものはペーパータオルなどで包むこと。エチレンガスによるダメージにも注意。

### 乾いたペーパータオルで包む

乾いたペーパータオルで包めば、野菜から出た水分を取ってくれるので蒸れにくい。

### 冷蔵保存では軽く口を閉じる

乾燥しないように、また、エチレンガスの影響を受けないように袋の口を軽く閉じること。

### 水分をしっかり取ってから冷蔵

傷み防止のため、特に肉や魚はペーパータオルで水分をしっかり拭き取ってから保存。

## 肉・魚介類を長もちさせるには…

**保冷剤をのせて冷蔵**
熱伝導率が高い金属トレイにのせ、さらに保冷剤をのせると◎。より早く冷える

### 冷蔵庫に入れる前のひと手間で鮮度をキープ

冷蔵庫内はジャンルが違う食材がひしめき合っているので、細菌が繁殖しやすい環境でもあります。乾いたペーパータオルや新聞紙で包む、乾燥防止にポリ袋に入れる、余分な水分はしっかり拭き取るなど、ひと手間加えましょう。ポリ袋、ペーパータオル、新聞紙、ラップ、密閉容器、保冷剤などを上手に活用することがポイントです。

# 3 冷凍保存

### 向いてない食材って何？

**NG!** 葉物野菜、豆腐、こんにゃく、じゃがいも、牛乳など

**例外** 豆腐
食感が変わってしまうが、煮物や炒め煮に使うのは◎。

### 冷凍保存の POINT

**1 新鮮な状態ですばやく凍らせる**

鮮度が落ちないうちに、金属トレイなどを使い急速冷凍するのがベスト。冷凍用保存袋の中の空気はしっかりぬくこと。

**2 塩もみや火を通してすばやく凍結**

塩もみや加熱処理することで水分をぬき、冷凍による細胞破壊を抑える。ひと手間加えることで食感や栄養価をキープできる。

家庭用冷凍室の特徴をつかんで上手に冷凍を

家庭用冷凍室の温度はマイナス18℃。食材の鮮度が落ちないうちに急速冷凍するためには、冷凍用保存袋に食材を入れたらしっかり空気をぬくこと。なぜなら、空気には熱伝導率を下げる働きがあるからです。また、空気をぬいて密閉することで乾燥と酸化を防げます。金属トレイにのせると熱伝導率が高くなるので素早く冷凍できます。

PART 1 | 食品保存のきほん

> 長もちする!

## 冷凍保存のコツ

冷凍保存はひと手間加えることがポイント。ブランチングする、氷水にくぐらせる、下味をつけるなど、食材に応じて工夫すること。

### ブランチング（P.38）

かたゆでしたり、蒸したりすることで、変色を抑えたり冷凍耐性を高めることができる。

### 氷膜を作る

氷水にくぐらせてからラップに包み冷凍すると、表面に氷膜ができ酸化防止になる。

### 下味冷凍

調味料で下味をつける。肉などは解凍時に発生するドリップを抑えることができる。

## 解凍のルール

安全においしく食べるためには、適切な温度と方法で解凍しましょう。一度解凍したものを再冷凍するのはNGです。

### 自然解凍

**基本は冷蔵室内でじっくり解凍**

肉や魚などに適した方法。解凍には6〜8時間くらいかかるので、見込んでの準備が必要。

### 流水解凍

**肉や魚介類など急いでいるときに**

冷凍用保存袋に水道水が入らないように注意。解凍にかかる時間は30分くらい必要。

### 電子レンジ解凍

**野菜など急いでいるときに**

電子レンジ解凍は、加熱しすぎに注意して電子レンジの解凍キーか「弱」で加熱。

# 4 干す

## 向いている食材と季節は?

**水分の少ない根菜や実物野菜、きのこ類**

**冬 ○**
湿度が低く寒くてもからっと晴れた日は乾燥しやすいので◎。

**夏 △**
すぐに水分が蒸発する日は◎。湿度が多くジメジメした日は×。

## 干す(乾燥) POINT

**1. ザルなどに広げて干す**
野菜などは皮つきのまま、好みの大きさに切ってザルに広げ、風通しのよい場所に干す。

**2. オーブンで乾燥させる**
スライスした野菜をオーブンシートを敷いた天板に並べ、低温のオーブンで約1時間加熱。

### 水分を蒸発させて保存性を高める

野菜や果物は、干すことにより水分が蒸発し旨みが凝縮されるので、香りがよく食感もアップします。干すときは室外で乾燥させるだけでなく、オーブンで乾燥させても OK。干したり、乾燥させたあとは、保存袋や瓶などの密閉容器に入れて冷蔵室で保存します。使うときは水で戻すか、アクが強いものは、サッとゆでてから使いましょう。

# 5 漬ける

## 向いている食材は？

白菜や大根、きゅうり、かぶ、キャベツ、にんじん、なすなどの野菜

＋

肉・魚
卵・豆腐

## 種類

### 塩漬け
塩で漬ければ長期保存も可能だが、その場合は塩分量に注意する。

### みそ漬け
肉や魚だけでなく、野菜やチーズなどを漬けてもおいしく保存できる。

### 酢漬け
お好みで漬け液を調整して、甘酢漬けやピクルス、梅酢漬けなどに。

### オイル漬け
レバーや牡蠣など日もちしない食材は加熱してからオイル漬けに。

## 好みの調味料で漬けて保存性を高める

食材を漬けて保存すれば、通常より長もちします。野菜だけでなく、肉や魚もおいしく保存ができ、調理の際にも便利です。食材を漬ける前にしておくべきことは、新鮮な食材を選び、水分をしっかり拭き取ること。あとは好みの調味料で漬けるだけ。冷蔵、冷凍のほか、食材によって常温保存も可能なので、まとめて作って上手に保存しましょう。

COLUMN

# 食品保存に必要な道具

食材の乾燥や酸化を防いで温度や湿度を保ち、目的に合わせて使える、食品保存には欠かせないお役立ちアイテムをご紹介。

### 新聞紙＆ペーパータオル
温度と湿度をコントロールしたり、余分な水分を拭き取ったりするときに使用。

### 冷凍用保存袋＆ポリ袋
食材の特徴と保存目的に合わせて使い分け。密封ができ優秀な万能アイテム。

### ラップ＆アルミホイル
冷蔵、冷凍には欠かせない〝包む〟アイテム。食材を包むことで鮮度をキープできる。

### 保存容器
密閉できるので、周りの食材のニオイ移りを防ぐ。サイズもいろいろあるので便利。

### ザル＆かご
ザルは干すときに、かごは野菜などの常温保存のときに使用。

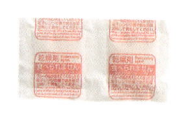

### 乾燥剤／脱酸素材
シリアルや調味料、乾物などと一緒に瓶などに入れて食品の乾燥を防ぐ。

# PART 2

＼ おいしさ長もち！／

# 野菜・果物
## の保存テク

野菜や果物は栄養の宝庫。新鮮なうちに食べきるのがベストですが、それぞれの個性を理解して保存すればおいしく長もちさせることができます。ここでは〝知って得する保存テクニック〟をご紹介します。

野菜・果物の保存徹底検証①

## Q にんじんの保存、どっちが正解？

## A 常温保存

〈保存方法〉
にんじんを新聞紙に包んで風通しのよい場所に置いて保存。

3週間後

シワシワ…

NG!
水分がぬけてシワシワになってしまう。カビが生えたものも。

✕

**根菜だから常温保存は大きな間違い**

根菜類は冷蔵室で保存すると低温障害を起こしやすいため、常温保存が基本といわれています。ただし、その種類や季節によってはすぐに傷んでしまうことも。例えばにんじんは秋～冬の野菜なので、冬場は常温での保存が可能ですが、夏場や洗いにんじんは必ず傷みます。また、湿度が高いと白い根が出てきて味が落ちてしまうので、湿度にも注意が必要です。

22

PART 2 　野菜・果物の保存テク

# B 冷蔵室で保存

〈保存方法〉
にんじんを1本ずつ新聞紙で包んでポリ袋に入れ、冷蔵室で立てて保存。

3週間後

こっちが長もち！

OK!
少しシワや黒ずみはあるものの、まったく問題なし！

○

**冷蔵室で立たせて保存すれば長期保存が可能**

にんじんを保存する際の適した温度は0℃以上、湿度は90〜95％なので、基本的には冷蔵室へ。冷蔵保存のときは、湿気による傷みを防ぐため、水分を吸収する新聞紙で包んでからポリ袋に入れて立てて保存します。多少のシワは現れますが大丈夫、十分食べられます。特に夏場の常温保存は避けましょう。

野菜・果物の保存徹底検証②

## Q しょうがの保存、どっちが正解？

### B 野菜室で保存

〈保存方法〉
ペーパータオルで包んでポリ袋に入れ、野菜室で保存。

▼ 2週間後

OK!

黒ずんでシワっぽい。△

\ 食べられるけど、水っぽい！ /

### A 常温保存

〈保存方法〉
新聞紙に包み、風通しのよい場所に置いて保存。

▼ 2週間後

OK!

皮もツヤツヤのまま。○

\ こっちが長もち！ /

しょうがは風通しのよい場所に保存がベスト

しょうがの保存に最適な温度は14℃、湿度は65％です。低温での保存は向きません。乾燥に弱いため、新聞紙またはペーパータオルで包み風通しのよい冷暗所での保存が◎。皮の部分が若干乾燥しても、中身がキレイであれば問題ありません。野菜室で保存したものは、表面がヌルヌルしたり水っぽくなります。カビが発生することもあるので注意。

PART 2 野菜・果物の保存テク

野菜・果物の保存徹底検証③

# Q 新玉ねぎの保存、どっちが正解?

## B 冷蔵室で保存

〈保存方法〉
新聞紙で包みポリ袋に入れて、冷蔵室で保存。

1週間後

OK!

シャキシャキ感もそのまま！ ○

＼こっちが長もち！／

## A 常温保存

〈保存方法〉
新聞紙に包み、風通しのよい場所に置いて保存。

1週間後

NG!

皮がぬめぬめしている。 ×

＼傷みが早い！／

### 玉ねぎと新玉ねぎは保存する場所が違う

玉ねぎの保存は、風通しのよい冷暗所などに吊るすなどの常温保存が基本ですが、実がやわらかい新玉ねぎは常温保存に適していません。新玉ねぎは、水分が多く傷みやすいので常温で保存した場合、すぐに皮がぬめぬめしてきます。新玉ねぎは冷蔵室で保存し、その際は湿気による傷みを防ぐため、水分を吸収する新聞紙で包んでポリ袋に入れましょう。

野菜・果物の特徴を知る①

\ 同じ野菜なのに /
# 保存法が違うのはどうして？

野菜はそれぞれ風味や食感が異なります。その野菜がもつ特徴によって
保存法を変えないと、より傷みやすくなってしまうのです。

## 1 長もち VS 傷みやすい野菜

### 長もち

**3カ月**
- かぼちゃ（丸ごと）
- じゃがいも

**2カ月**
- 白菜
- 玉ねぎ

**1カ月程度**
- ごぼう
- にんにく
- さつまいも
- 泥つきねぎ（冬）
- にんじん
- 里いも

### 傷みやすい

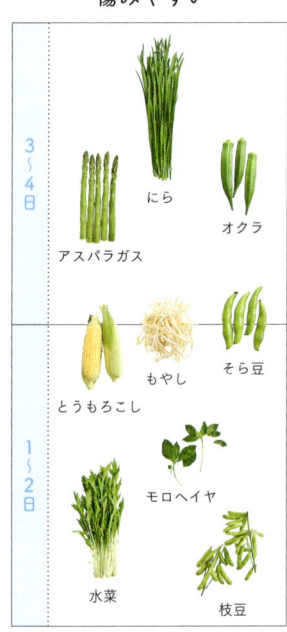

**3〜4日**
- アスパラガス
- にら
- オクラ
- とうもろこし
- もやし
- そら豆

**1〜2日**
- 水菜
- モロヘイヤ
- 枝豆

### 野菜を保存する前におさえるべきポイント

野菜（根菜類、葉菜類、茎菜類、果菜類、花菜類）、きのこ類、豆類などはそれぞれ違った個性があるように、保存法も異なります。

じゃがいものように水分が少ないものは一般的に長もちするといわれていますが、水分の多いもやしなどは日もちしません。野菜をおいしく保存するコツは、その野菜の特徴を知ることなのです。

26

PART 2 | 野菜・果物の保存テク

## 2 野菜には、喜ぶ温度と湿度がある！

### 野菜にやさしい環境に近づけて保存がポイント

野菜の保存で大切なのは温度と湿度です。その野菜の特徴に合った環境に近づけて保存することで、鮮度をキープできます。冷蔵での保存に向かない野菜、低温障害を起こしてしまう野菜などを見極めると◎。保存に適した温度が0〜5℃なら冷蔵室へ、10℃前後なら冷蔵室または冷暗所へなど野菜が喜ぶ温度と湿度を確認しましょう。

＜野菜が喜ぶ温度と湿度＞

**15℃〜10℃／冷暗所または野菜室**

- きゅうり 10〜13℃ 90〜95%
- じゃがいも 10〜13℃ 90%
- さつまいも 13℃ 85〜90%
- しょうが 14℃ 65%

**10℃〜5℃／冷暗所または野菜室**

- オクラ 7〜10℃ 90〜95%
- トマト（完熟）7〜10℃ 85〜90%
- なす 8〜10℃ 90%
- ピーマン 7〜10℃ 90〜95%

**5℃〜0℃／冷蔵室**

- かぶ 0〜5℃ 90〜95%
- キャベツ 0〜5℃ 90〜95%
- レタス 0〜5℃ 95〜98%
- ブロッコリー 0〜5℃ 95〜98%
- にんじん 0〜5℃ 90〜95%
- 白菜 0〜5℃ 95〜98%
- ほうれん草 0〜5℃ 95〜98%
- 大根 0〜5℃ 90〜95%
- にら 0〜5℃ 90〜95%
- にんにく 0〜5℃ 65〜70%
- パセリ 0〜5℃ 95〜98%
- セロリ 0〜5℃ 95〜98%

野菜・果物の保存徹底検証④

## Q トマトの保存、どっちが正解？

### B 冷蔵室で保存

〈保存方法〉
ポリ袋に入れ、密閉して冷蔵室で保存。

2週間後

NG!

水が出てグヂュッとしている。

✕

＼ 少しブヨブヨ ／

### A 野菜室で保存

〈保存方法〉
ペーパータオルに包んでポリ袋に入れ、野菜室で保存。

2週間後

OK!

皮もツヤツヤのまま！

〇

＼ こっちが長もち！ ／

## 低温障害を起こすので野菜室で保存が好ましい

トマトは低温障害を起こすので、冷やしすぎに注意しましょう。低温障害を起こすと、実がブヨブヨとやわらかくなり、食感も風味も変わってしまいます。野菜室で保存したトマトは冷蔵室で保存したトマトよりも実がしっかりしています。
また、14℃以下を保つ冷暗所なら、野菜室と同じくらいおいしく保存できるでしょう。

28

PART 2 野菜・果物の保存テク

野菜・果物の保存徹底検証⑤

## Q かたいキウイフルーツの保存、どっちが正解?

### B りんごと一緒に保存

〈保存方法〉
りんごと一緒にポリ袋に入れ、冷蔵室で保存。

▽ 2週間後

OK!

○ 食べごろに熟した。

＼こっちがおいしい／

### A そのまま保存

〈保存方法〉
キウイフルーツのみポリ袋に入れ、冷蔵室で保存。

▽ 2週間後

NG!

× かたくてすっぱい。

＼カチカチのまま／

## エチレンガス効果が追熟を促す

かたいキウイフルーツは、エチレンガスを放出するりんごと一緒にポリ袋に入れて密閉することで、通常より早く熟します。エチレンガスは、収穫後も呼吸を続けている野菜や果物が出す成分で、特にりんごは多く放出するので追熟が進みます。また、キウイフルーツや柿などはエチレンガスの影響を受けやすいため、相乗効果を発揮します。

野菜・果物の特徴を知る②

\よく耳にする/
# 低温障害とエチレンガスって?

野菜や果物を保存する際に気をつけたいのが、低温障害とエチレンガスの発生です。この2つに注意して保存し、鮮度をキープしましょう。

## 1 低温障害を起こしやすい野菜・果物

### 低温障害を引き起こす野菜＆果物

なす　トマト　きゅうり　バナナ

寒いのは苦手です……。

保存するなら……

**✕ 冷蔵室**
冷蔵に不向きな野菜や果物を保存すると低温障害を起こす。

**〇 常温（冷暗所）**
低温障害を起こしやすい野菜や果物は常温保存が◎（夏場は例外）。

**△ 野菜室**
夏場は常温だと傷みやすいので野菜室へ。完熟したものも。

「冷蔵室に入れておけば安心」は間違い

野菜や果物を購入したあと、冷蔵室へ入れたからといって安心してはいけません。食材によっては冷蔵室へ入れたことにより、すぐに傷んでしまうことも。これは「低温障害」といい、低温で保存することによって、その物質の構造が変化し、きゅうりなら水っぽく、トマトなら実がやわらかく、バナナなら黒く変色して傷んでしまうのです。

30

## 2 エチレンガスの秘密に迫る!!

### エチレンガスをうまく活用して保存

エチレンガスは収穫後も呼吸を続けている野菜や果物が出す成分で、それらの追熟を促す作用があります。

たとえば、りんごなどはエチレンガスを多く放出するので、エチレンガスの影響を受けやすいキウイフルーツなどと一緒に保存すると通常より早く熟します。ただしエチレンガスの影響を受け、傷みが早まることもあるので注意しましょう。

### エチレンガスをよく出す野菜＆果物

りんご　アボカド　メロン　ブロッコリー

他の野菜の追熟、老化を促す！

### 保存するなら……

**発芽を抑える**

**じゃがいもと一緒に**
じゃがいもの芽の生育を抑えるので、りんごなどと一緒に保存すると◎。

**すぐに食べごろに**

**未熟な果物と一緒に**
追熟する作用があるので、かたいキウイフルーツなどと一緒にポリ袋に。

**放出を防ぐ！**

**ポリ袋の口を閉める**
エチレンガスの放出によるまわりへの影響を防ぐため、ポリ袋の口をしっかり閉めること。

野菜・果物の保存徹底検証⑥

# Q 葉物野菜の保存、どっちが正解？

## A 濡れたペーパータオルで包む

〈保存方法〉
濡れたペーパータオルで包み、ポリ袋をかぶせる冷蔵室に立てて保存。

1週間後

NG!

葉はしなびてぬるっとしたところも。

× しなびてしまった……

## B 乾いたペーパータオルで包む

〈保存方法〉
乾いたペーパータオルで包み、ポリ袋をかぶせる冷蔵室に立てて保存。

1週間後

OK!

葉がピンとしてみずみずしい。

○ こっちが長もち！

### 水分過多と蒸れに注意して立てて保存

葉物野菜は水分を放出させるため、乾いたペーパータオルで包み、その上からポリ袋をかぶせると、ペーパータオルが野菜から出た水分を吸収し、ほどよい湿り気を帯び乾燥を防ぎます。濡れたペーパータオルで包んでしまうと、野菜から出る水分とペーパータオルの水分で水分過多になり蒸れてしまいます。傷みの原因となるので注意すること。

32

PART 2 野菜・果物の保存テク

野菜・果物の保存徹底検証⑦

# Q キャベツの保存、どっちが正解？

## B カットして保存

〈保存方法〉
カットしたキャベツをラップで包みポリ袋へ入れて冷蔵室に保存。

2週間後

NG!

切った断面が変色している。

×

＼切り口が茶色く傷んでいる／

## A 丸のまま保存

〈保存方法〉
丸のままのキャベツを新聞紙で包みポリ袋へ入れて冷蔵室に保存。

2週間後

OK!

シャキッとして食感もよさそう。

○

＼こっちが長もち！／

### 丸ごと保存で鮮度をキープ

キャベツはカットすると、断面から茶色く変色し傷みやすくなりますが、それは、切り口が空気に触れて酸化してしまうのが原因。長もちさせるなら芯をくりぬき、濡らしたペーパータオルなどを詰めて丸ごと新聞紙に包み、ポリ袋に入れて保存するのが一番。料理に使ったら、濡らしたペーパータオルを替えるとさらに長もちします。

野菜・果物の特徴を知る③

\ 目からウロコ！/
# 包み方、袋の入れ方のルール

野菜や果物は収穫後も呼吸しています。鮮度をキープして負担をかけないために、保存するときのルールを守りましょう。

## 1 新聞紙＆ペーパータオルの使い分け

| 新聞紙 | ペーパータオル |
|---|---|
| 大きいもの<br>長いもの<br>泥つきのもの<br><br>ごぼう<br>いも<br>かぼちゃなど | 左記以外の野菜・果物<br>2〜3枚とって小さくなったキャベツやレタス<br><br>トマト<br>きゅうりなど |

▼ 包む目的

## 水分を取り、冷気を遮り乾燥を防ぐため。

### 新聞紙とペーパータオルを上手に使い分けて

野菜や果物を保存するときに大切なのは、乾燥や変色を防ぐこと。そのためにはそれぞれの個性に合わせ、保存に適した温度と湿度を守るのが鉄則です。包むときは新聞紙でもペーパータオルでも、どちらでも問題ありません。ごぼうなどの長いものやかぼちゃなどの大きいものには新聞紙を使うと便利です。上手に使い分けて保存しましょう。

# 2 ラップ&ポリ袋の特徴と使い方

## 冷蔵するときはポリ袋の口を軽く閉じる

切った食材は、必ずラップでぴっちり包んで保存しましょう。これは乾燥を防ぐだけでなく、切り口が空気に触れて傷まないようにするため。ポリ袋に入れるのは、冷気や乾燥から守るだけでなく、エチレンガスの影響を受けないため。密閉すると蒸れるので口は軽く閉じるくらいですが、エチレンガスを出すものはしっかり密閉しましょう。

### ラップ&ポリ袋の特徴と適した使い方

| ラップ | ポリ袋 |
|---|---|
| 〈特徴〉<br>● 耐熱性・耐水性がある<br>● 酸素をもっとも通しにくい<br>● 水分を保ち、ニオイを通さない<br><br>〈使い方〉<br>● 切った野菜や果物の切り口にぴっちりとラップをする<br>● ペーパータオルで包んだ後にラップで包む場合も<br>● ゆでた野菜を小分け冷凍するときに | 〈特徴〉<br>● 低温耐性、耐水性などに優れている<br>● ラップに比べると酸素を通しやすい<br><br>〈使い方〉<br>● 野菜をペーパータオルで包み、ポリ袋に入れて保存<br>● 皮の厚みのある果物などは、そのままポリ袋に入れる<br>● 主に冷蔵室・野菜室保存で使う |

野菜は切ったら空気に触れないように、切り口をぴっちりとラップで密閉するのがコツ。

長もちさせたいときは、新聞紙またはペーパータオルに包んでポリ袋の口を軽く閉じる。

野菜・果物の保存徹底検証⑧

# Q 野菜の冷凍、どれが正解？

## A 生のまま冷凍

〈保存方法〉
食べやすい大きさに切ったチンゲン菜を生のまま冷凍用保存袋に入れて冷凍。

1ヵ月後解凍

NG!
水っぽくなり、食感も悪い。

✕ 水が出てビチョビチョ……調理してもおいしくない

### 水分が凍ってしまい食感も味も落ちる

野菜にはトマトのように生のまま冷凍できるものがありますが、ものによっては、生のままの冷凍に向いていないものがあります。チンゲン菜などの葉物野菜もそのひとつ。そのまま冷凍すると細胞内の水分が凍り、細胞が壊れてしまいます。

そのため、いざ解凍してみると食感はスカスカだったり、ベチョベチョと水っぽくなってしまうのです。

## C さっと炒めて冷凍

〈保存方法〉
食べやすい大きさに切り、炒めて粗熱を取り、冷凍用保存袋に入れて冷凍。

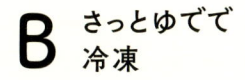

▼ 1カ月後解凍

OK!

少しだけ水っぽいが思いのほかシャキシャキ感が残る。

＼こっちもシャキシャキ！／

## B さっとゆでて冷凍

〈保存方法〉
食べやすい大きさに切り、ゆでて粗熱を取り、冷凍用保存袋に入れて冷凍。

▼ 1カ月後解凍

OK!

色も鮮やかで食感も悪くない。

＼こっちがおいしい！／

## さっと火を通せば食感もそのまま

野菜はさっとゆでたり炒めたりしてから冷凍すると、変色を防ぎ食感が落ちることなく、さらに栄養価も変わらず保存できます。それは熱によって酵素が死滅し、生のまま冷凍したときに起こる細胞組織の破壊を最小限に抑えられるため。解凍後もみずみずしく、おいしく食べられます。また、下ごしらえ済みなので時短にもなり一石二鳥です。

野菜・果物の特徴を知る④

\ 結局どれが正解？ /
# 野菜の冷凍保存方法

野菜を冷凍保存するときに重要なのは、新鮮な状態で急冷すること。
味も栄養価もキープできる保存法をマスターしましょう。

## 1 野菜類は基本的にブランチング

かためにゆでる

ブランチングとは……

## かためにゆでたり、蒸したりすること

すばやく冷まして冷凍

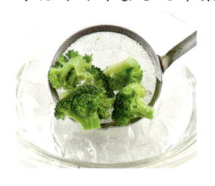

90〜100℃の熱湯に野菜を入れ、さっとゆでたら冷水で一気に冷まし、水けを拭き取る。冷凍用保存袋に入れて冷凍。

**ブランチングしてから冷凍で鮮度キープ**

かためにゆでたり、蒸したりと加熱処理を加えるブランチングのメリットは、冷凍耐性を高めること。例えば、酵素などの働きを抑えるので殺菌作用にもなり、変色を抑え鮮度が維持できるとともに、長期保存が可能となります。また、解凍したときに、ベチャッと水っぽくならないという利点も。ブランチングで余分な水分を処理しましょう。

## 2 野菜によって適した冷凍法を

### 野菜の特徴を理解して冷凍を

全ての野菜をブランチングすればよいわけではありません。にんじんやピーマンなどの水分の少ない野菜や薬味、アボカドなどは切ってから、ゆでたら崩れるようなトマトはそのまま冷凍した方がよいでしょう。そのほかにも、塩もみ、すりおろす、ゆでて潰すなどして冷凍しておくと調理するときに便利です。

---

### ブランチングに適した野菜

ブロッコリー／カリフラワー／にんじん／大根／青菜／にら／とうもろこし／そら豆など

下記の野菜以外はほとんどブランチング可

---

### 生のまま冷凍（刻む・すりおろす）に適した野菜

- キャベツ／にんじん／ピーマン・パプリカのせん切り
- 薬味（刻んだもの） 
- アボカドなどの果物 
- 長いも／大根（すりおろす） 

---

### 塩もみして冷凍に適した野菜

**塩もみ**

きゅうり／キャベツ／白菜など

### マッシュして冷凍に適した野菜

**ゆでて潰す**

じゃがいも／さつまいも／かぼちゃなど

葉物野菜

| 旬 | 栄養成分 | 保存期間 |
|---|---|---|
| **春 秋～冬**<br>（3～5月）（11～2月）<br>1 2 3 4 5 6 7 8 9 10 11 12 | 強力な抗酸化作用があるビタミンCで体のサビつきを防ぐ。胃の粘膜を守るビタミンUにも注目。 | 冷蔵室で<br>**2週間** |

冷蔵 ○　冷凍 ○　常温 ○　漬ける ○　干す ○

# キャベツ
濡らしたティッシュを芯に詰めると長もち

〈選び方〉 
- 外葉の緑色がはっきりしている 
- 持ったときに重く感じる 
- 芯の切り口が変色していない

### コラム　ビタミンCを流出させないコツ

春キャベツは水分が多くやわらかいので、なるべく加熱処理せず生で食べるのが◎。切った面からビタミンCなどの栄養素が流失してしまうので、水に浸すのは5分ほどに！

### 安心ポイント　外葉は捨てる

① 農薬が何度も散布されているので、外葉は1～2枚取って捨てます。
② それでも心配なら30秒ほど湯通しするか、生のまま食べるなら、切って水に5分ほどつけておくとより安全。

## 冷蔵保存

**保存期間 2週間**

### 芯をくりぬき、濡らしたティッシュやペーパータオルを詰めて

**STEP 1 包丁で芯をくりぬく**
キャベツは中心から水分がぬけていくので、包丁の刃先で芯をくりぬく。

**STEP 2 ティッシュを詰める**
くりぬいた部分に濡らしたティッシュなどを詰める。料理に使うときまで、そのままでOK。

**STEP 3 新聞紙で包む**
新聞紙で包んでからポリ袋に入れ、口を軽く閉じて冷蔵室で保存を。

---

## 冷凍保存

**保存期間 1カ月**

### 生のまま、塩もみ、塩ゆでと用途に分けて冷凍を

**生で 切って生のまま冷凍**
せん切りにして生のまま冷凍用保存袋に入れ、空気をぬいて冷凍。

**塩もみ 塩もみをして冷凍**
塩もみをして水分をよく絞り、冷凍用保存袋に入れて冷凍。さっと塩ゆでしてから冷凍も。

**» おいしい解凍法**

**すべて自然解凍でOK**
生のまま、塩もみ、塩ゆでしたものはどれも冷蔵室に移して自然解凍でOK。汁物の具やサラダ、あえ物に使えます。

---

## 常温保存

**保存期間 3〜4日**

### 新聞紙に包み冷暗所へ

**丸ごと ティッシュを詰める**
新聞紙に包んで冷暗所へ。濡らしたティッシュを詰めるのがコツ。使うたびに交換して。

## 干す

**保存期間 1カ月**

### 干すなら高原キャベツを

**薄めのくし形に切る**
芯をつけたまま薄めのくし形に切り、3日ほど干す。夏に出回る高原キャベツがおすすめ。

葉物野菜

| 旬 | 栄養成分 | 保存期間 |
|---|---|---|
| **冬〜春**（12〜3月）<br>1 2 3 4 5 6 7 8 9 10 11 12 | 青菜の中ではカルシウム含有量がトップクラス。β-カロテンも多く免疫力向上に。 | 冷蔵室で**1週間** |

| 冷蔵 ◯ | 冷凍 ◯ | 常温 ◯ | 漬ける ◯ | 干す ◯ |
|---|---|---|---|---|
| | （ゆでたもの） | （1〜2日） | | |

〈選び方〉
- 葉は肉厚で内側に丸まっている
- 茎が太くピンとしている
- 根元がしっかりしている

# 小松菜

立てて保存することが鮮度を長く保つコツ

---

**コラム** 栄養素をたっぷり摂取するには

カルシウムを豊富に含んでおり、たんぱく質と組み合わせることでカルシウムの吸収率がアップ。ミルク煮などにすると効果的。また、油で調理するときは強火でさっと炒めると栄養素が逃げない。

**安心ポイント** 流水で丁寧に洗う

① 残留農薬などが残っている可能性があるため、丁寧に洗いましょう。ボウルに水を張り、水を流しながら5分ほどつけます。
② 根元を広げるようにして流水で土や表面についた農薬を落とします。

PART 2 　野菜・果物の保存テク

## 冷蔵保存

保存期間 **1週間**

### 根から水分を補給させ、立てて保存すると長もち

**STEP 1　丸ごと**
**水揚げしてから拭く**
水を張ったボウルにつけ、ザルにあげて水けをよく拭き取る。

**STEP 2**
**包んでポリ袋へ**
ペーパータオルに包み、根元を下にしてポリ袋に入れる。

**STEP 3**
**冷蔵室に立てて保存**
ポリ袋の口を軽く閉じ、深さのある容器に入れ、冷蔵室に立てて保存するのが基本。

---

## 冷凍保存

保存期間 **1カ月**

### かたゆでしてからが基本です。買った日にゆでて冷凍を

**STEP 1　ゆでて**
**塩ゆでしてから切る**
さっと塩ゆでして冷水にさらし、水けを絞る。4～5cm長さに切る。

**STEP 2**
**ラップに包んで急冷**
小分けにしてラップに包み、金属トレイにのせて急速冷凍。凍ったら冷凍用保存袋へ。

**》おいしい解凍法**

**冷蔵室で自然解凍**
お浸しなどに使うときは、前日に冷蔵室に移して自然解凍するのが一番おいしい。

**そのまま汁物にも**
汁物の具にするときは、沸騰しているところに凍ったまま入れるだけでOK。

---

## 干す

保存期間 **1カ月**

### 煮浸しや汁物の具、炒め物にも

**STEP 1**
**根元の汚れを洗う**
小松菜の根元に土が残らないよう、念入りに流水で洗う。

**STEP 2**
**ザルにのせ天日干し**
水けをよく拭き、ザルにのせ3日ほど干す。刻んでおかゆにも。

葉物野菜

| 旬 | 栄養成分 | 保存期間 |
|---|---|---|
| 秋 〜 春<br>（11〜3月）<br>1 2 3 4 5 6 7 8 9 10 11 12 | β-カロテン、カリウム、鉄などが豊富。免疫力を高め、病気に強い体をつくる。 | 冷蔵室で<br>1週間 |

| 冷蔵 ○ | 冷凍 ○<br>（ゆでたもの） | 常温 ✕ | 漬ける ✕ | 干す ○ |

〈選び方〉

葉の色が濃くてみずみずしい

茎がしっかりとして短い

切り口が新しく、香りが強い

# 春菊

乾いたペーパータオルで包むことがポイント

## コラム　好みに合わせた加熱処理を！

好き嫌いが分かれる独特の香り。この香り成分αピネンやペリルアルデヒドは、咳止めや胃もたれの解消に効果的。春菊は加熱すればするほど苦くなるので、苦みが苦手な人は数十秒加熱がおすすめ。

## 安心ポイント　しっかりと洗う

① 残留農薬が多い野菜のため、しっかりと洗うことが重要。水を流しながらボウルに5分ほどつけておきます。
② 心配なら、さらに1本ずつふり洗いをすると安心です。

## 冷蔵保存

**保存期間 1週間**

### 水を吸わせてからペーパータオルで包む

**STEP 1 紙タオルで包む**
5分ほど水につけて水けを拭き、ペーパータオルで包む。

丸ごと

**STEP 2 ポリ袋に入れる**
根元を下にしてポリ袋に入れ、口を軽く閉じる。

**STEP 3 冷蔵室に立てて保存**
深さのある容器に入れ、冷蔵室に立てて保存。またはドアポケットに立てて保存。

---

## 冷凍保存

**保存期間 1カ月**

### さっとかたゆでして冷ましてから冷凍を

**STEP 1 塩ゆでしてから切る**
さっと塩ゆでして冷水にさらし、水けを絞る。4〜5cm長さに切る。

ゆでて

**STEP 2 ラップに包んで急冷**
小分けにしてラップに包み、金属トレイにのせて急速冷凍。凍ったら冷凍用保存袋へ。

**» おいしい解凍法**

**冷蔵室で自然解凍**

お浸しに使うときは、前日に冷蔵室に移して自然解凍。汁物には凍ったまま加えて。

---

## 干す

**保存期間 1カ月**

### 汁物やごまあえに

**塩ゆでしてから干す**
水洗いし、さっと塩ゆでしてザルにあげ、よく水けを絞り、ザルに広げて3日ほど干す。

**memo**

**コップなどに生けておく**

春菊は水分がぬけやすくしおれがちです。特に生のままサラダに使うときは、あらかじめ、冷水を入れたコップに生けておくと、葉がピンとします。ほかの料理に使うときも、コップに生けておくとシャキシャキの仕上がりに。

葉物野菜

| 旬 | 栄養成分 | 保存期間 |
|---|---|---|
| 秋～冬<br>（9～1月）<br>1 2 3 4 5 6 7 8 9 10 11 12 | β-カロテン、ビタミンCが豊富なので風邪予防に。眼精疲労にも効果的。 | 冷蔵室で<br>1週間 |

| 冷蔵 ○ | 冷凍 ○<br>（加熱したもの） | 常温 ○<br>（1～2日） | 漬ける ○ | 干す ○ |

# チンゲン菜

冷凍するならブランチングを

〈選び方〉
- 葉の緑色が鮮やかで肉厚
- 茎も肉厚でどっしりとしている
- 切り口が変色していない

**コラム　調理するときは油とセットで！**

油との相性がよいので、油で調理することによってβ-カロテンの吸収率がアップ。強火でさっと炒めればビタミンCの損失も最小限に。ゆでるときも油と塩を入れて根元からゆでるのが◎。

**安心ポイント　根元を軽くそぎ、薄い酢水にさらす**

① 茎の根元には農薬が残っていることが多いので、根元を薄くそぎ落とします。
② ボウルに水を張り、流水で茎を広げるようによく洗い、水に5分ほどさらしておきます。

PART 2 | 野菜・果物の保存テク

## 冷蔵保存

**保存期間 1週間**

### ペーパータオルに包み、ポリ袋に入れて立てて保存を

**STEP 1 根元を水につける**
水を張ったボウルにつけ、ザルにあげて水けをよく拭き取る。

丸ごと

**STEP 2 包んでポリ袋へ**
ペーパータオルに包んでポリ袋に入れ、口を軽く閉じる。

**STEP 3 冷蔵室に立てて保存**
深さのある容器に入れ、冷蔵室に立てて保存。またはドアポケットに立てて保存。

---

## 冷凍保存

**保存期間 1カ月**

### 炒めてから冷凍・ゆでてから冷凍

**STEP 1 油で炒める**
3cm長さに切ってサラダ油でさっと炒めて火を止め、粗熱を取る。または、さっとゆでる。

炒めて

**STEP 2 ラップに包んで急冷**
小分けにしてラップで包み、金属トレイにのせて急速冷凍。凍ったら冷凍用保存袋へ。

**》 おいしい解凍法**

**そのまま自然解凍でOK**
あえ物に使うときは前日に冷蔵室に移して自然解凍。ラーメンのトッピングには、凍ったままスープにプラス。

---

## 干す

**保存期間 1カ月**

### 炒め物やスープに。シャキシャキの食感！

**STEP 1 縦2等分に切る**
よく洗って水けを拭き取り、縦2等分または縦4等分に切る。

**STEP 2 ザルにのせて干す**
ザルに切り口を上にして並べ、3日ほど干す。

**memo**

**炒め物にしてもシャキシャキ**

干したチンゲン菜は、さっと湯がいたあと、水けを絞って切り、炒め物にするとシャキシャキの仕上がりに。

葉物野菜

| 旬 | 栄養成分 | 保存期間 |
|---|---|---|
| 秋〜春<br>（11〜3月）<br>1 2 3 4 5 6 7 8 9 10 11 12 | β-カロテン、ビタミンC、カルシウム、硫化アリルなどの栄養素を含む。疲労回復に効果的。 | 冷蔵室で<br>3〜4日 |

冷蔵 ○　　冷凍 ○　　常温 ×　　漬ける ○　　干す ○

# にら

傷みが早いので購入後はすぐに水揚げを

〈選び方〉
- 葉先までピンとしている
- ハリ、ツヤがあり、みずみずしい
- 緑色が濃く、肉厚で幅が広い

**コラム　根元は葉の4倍の硫化アリルを含む**

独特の香りは硫化アリルという成分。ビタミンB群の吸収を助け、滋養強壮・疲労回復に効果的。また、生活習慣病予防や抗酸化に役立つビタミンEも豊富。

**安心ポイント　全体をよく洗う**

① 茎の下部を1cmほど切り、ボウルに水を張り、水を流しながら5分ほどつけ、ふり洗いをします。
② 全体をやさしくこすり洗いして、葉の部分を丁寧に洗えばより安心。

PART 2 野菜・果物の保存テク

## 冷蔵保存

保存期間 3〜4日

### 最初に根元から水を吸わせてから新聞紙に包んで保存

**STEP 1 根元に水を吸わせる**（丸ごと）
ボウルに水を張って根元を5分ほどつけ、水けを拭き取る。

**STEP 2 葉先を出して包む**
葉先を出した状態で、折らないように新聞紙で全体を包む。

**STEP 3 ポリ袋に入れて保存**
ポリ袋に入れて軽く口を閉じるか、ラップを巻いて冷蔵室に保存。

## 冷凍保存

保存期間 1カ月

### 上から熱湯をかけてさっと湯通しするのがコツ

**STEP 1 切って熱湯をかける**（湯通し）
4cm長さに切ってザルにのせ、熱湯をかける。水けをきって冷ます。

**STEP 2 ラップで包んで急冷**
小分けにしてラップで包み、金属トレイにのせて急速冷凍。凍ったら冷凍用保存袋へ。

》おいしい解凍法

**凍ったまま調理・自然解凍**

スープに使うときは、凍ったまま加えて加熱。炒め物やお浸しにするなら前日に冷蔵室に移して自然解凍を。

## 漬ける

保存期間 2週間

### 調味料で漬ける

**ごはんが進む漬物に**
豆板醤を加えたしょうゆ漬けや塩とごま油を使ったオイル漬けに。保存袋を使うと簡単。

## 干す

保存期間 3週間

### そのまま汁物に

**ざく切りにして干す**
5〜6cm長さのざく切りにし、ザルに広げて1〜2日干す。汁物にそのまま入れる。

葉物野菜

| 旬 | 栄養成分 | 保存期間 |
|---|---|---|
| **秋〜冬**<br>（11〜2月）<br>1 2 3 4 5 6 7 8 9 10 11 12 | 高血圧を予防するカリウムが多い。またビタミンCと食物繊維が豊富で風邪予防や美肌に効果的。 | 冷蔵室で<br>**2カ月** |

冷蔵 ◯ 　冷凍 ◯ 　常温 ◯ 　漬ける ◯ 　干す ◯

# 白菜

丸ごと新聞紙に包むと長もち

〈選び方〉

葉に弾力があり、巻きが強い

カット白菜は断面が平らである

切り口が割れていない

---

**コラム　全体の約95％は水分でも高栄養**

カリウム、ビタミンC、食物繊維など栄養素が豊富。糖質が少ないのでダイエット効果も。葉にできる黒い斑点は「ゴマ症」といって生育過程での生理反応。食べても人体に無害なので安心して。

**安心ポイント　外葉は使わない**

① 農薬は一番外側の葉に多く残るため、外葉を1枚むいて使います。
② 漬物など生のままで食べる場合には、よく水洗いすること。

## PART 2 野菜・果物の保存テク

## 冷蔵保存

保存期間 2カ月（丸ごと）1週間（カット）

### 丸ごとなら新聞紙、カットしたものならラップでぴっちり包む

**丸ごと**
**新聞紙で包む**
丸ごと保存する場合は新聞紙に包んでから冷蔵室に入れる。

**カット**
**ラップでぴっちり**
カットしたものは芯を取ってからラップでぴっちり包み、冷蔵室で保存する。

📎 **memo**

**白菜は漬ける保存法も**

旬の白菜は、塩漬け、甘酢漬け、キムチ、ぬか漬けなどにして保存するのもおすすめ。

---

## 冷凍保存

保存期間 1カ月

### 葉と軸に切り分けてかためにゆでて冷凍、塩もみして冷凍

**ゆでて**
**かためにゆでて冷凍**
かためにゆでて冷まし、水けを絞る。小分けにしてラップで包み急冷後、冷凍用保存袋へ。

**塩もみ**
**塩もみにして冷凍**
細切りにして塩もみして水けを絞る。小分けにしてラップで包み急冷後、冷凍用保存袋へ。

» **おいしい解凍法**

**冷蔵室で自然解凍**

ゆでたり塩もみして冷凍した白菜は、前日に冷蔵室に移し、一晩おいて自然解凍を。あえ物や汁物の具に。

---

## 常温保存

保存期間 2週間

### 新聞紙で包み、芯を下に

**丸ごと**
**新聞紙で包む**
新聞紙で包み、芯を下にして冷暗所に置く。半割りにしたものは常温保存はNG。

## 干す

保存期間 1カ月

### 干すと甘みがアップ

**適当な大きさに切る**
1枚ずつの場合は3〜4時間、半割りや四つ割りのものは3日ほど干すと甘みがアップ。

葉物野菜

| 旬 | 栄養成分 | 保存期間 |
|---|---|---|
| **冬**（12〜1月）<br>1 2 3 4 5 6 7 8 9 10 11 12 | 鉄分が多く貧血や便秘解消に効果的。鉄分の吸収を促すビタミンCやβ-カロテン、葉酸も豊富。 | 冷蔵室で<br>**1週間** |

| 冷蔵 ○ | 冷凍 ○（ゆでたもの） | 常温 ○（1〜2日） | 漬ける × | 干す ○ |

# ほうれん草

長もちのコツは乾いたペーパータオルで包む

〈選び方〉
- 葉は青々として厚みがある
- 茎は太すぎずしっかりしている
- 根元の赤みが強く、太い

### コラム　赤い根元は骨を強くする栄養素

鉄分が多いので造血作用があり、がん予防にも効果的なβ-カロテンが豊富。赤い根元には骨を作るマンガンが多い。アクの成分であるシュウ酸は水溶性なので、ゆでることにより70〜80％減らすことができる。

### 安心ポイント　ゆでる前に切る！

① ほうれん草は残留農薬が多い野菜なので水洗いは丁寧に。ボウルに水を張り、水を流しながら5分ほどおいてふり洗いをします。
② ゆでる前に切っておくと、切り口から農薬などが溶出するので◎。

PART 2 | 野菜・果物の保存テク

## 冷蔵保存

**保存期間 1週間**

### 鮮度が落ちやすいので乾燥に注意

**STEP 1 水けを拭き取る**
水を張ったボウルなどにつけ、水けをよく拭き取る。(丸ごと)

**STEP 2 包んでポリ袋へ**
ペーパータオルで包み、根元を下にしてポリ袋に入れる。

**STEP 3 冷蔵室に立てて保存**
ポリ袋の口を軽く閉じ、深めの容器に入れて立てて保存。ドアポケットに立てても。

---

## 冷凍保存

**保存期間 1カ月**

### かたゆでしてからが基本。買った日にさっとゆでて冷凍を

**STEP 1 熱湯で塩ゆでする** (ゆでて)
塩を加えた熱湯でさっとゆで、冷水にさらして水けを絞り、食べやすい大きさに切る。

**STEP 2 ラップに包んで急冷**
小分けにしてラップに包み、金属トレイにのせて急速冷凍。凍ったら冷凍用保存袋へ移す。

**》おいしい解凍法**
**冷蔵室で自然解凍・凍ったまま調理**
お浸しなどに使うときは、前日に冷蔵室に移して自然解凍を。汁物の具にするときは、沸騰しているところに凍ったまま入れる。

---

## 干す

**保存期間 1カ月**

### 根元を上にして干す

**STEP 1 よく水洗いする**
ほうれん草は根の土が残らないよう、1株をいくつかに分けて、流水で丁寧に洗う。

**STEP 2 吊り下げて干す**
根元を上にしてフックにかけ、風通しのよいところに吊り下げて2～3日ほど干す。

**みじん切りにしてザルに広げて干しても！** 
よく水洗いしたほうれん草をみじん切りにしてザルに広げ、2～3日干す。汁物の具に。

葉物野菜

| 旬 | 栄養成分 | 保存期間 |
|---|---|---|
| **秋〜春**<br>（11〜3月）<br>1 2 3 4 5 6 7 8 9 10 11 12 | 老化やがんを防ぐβ-カロテンやビタミンCが豊富。ビタミンCは美肌づくりにも役立つ。 | 冷蔵室で<br>**1〜2日** |

| 冷蔵 ○ | 冷凍 ○<br>（ゆでたもの） | 常温 ○<br>（1〜2日） | 漬ける ○ | 干す ✕ |

# 水菜

新聞紙に包みポリ袋に入れる

〈選び方〉
- 葉先がピンとしている
- 茎は細く白く、ハリがある

## 冷凍保存　保存期間 1カ月

**ゆでて小分け冷凍**

さっとゆでて水けを絞って切り、ラップで包み、冷凍用保存袋へ。

**ゆでて**

## 冷蔵保存　保存期間 1〜2日

**新聞紙で包んで保存**

新聞紙で包んでポリ袋に入れ、口を軽く閉じて立てて保存。

**丸ごと**

» **おいしい解凍法**　自然解凍・凍ったまま調理

お浸しにするときは、前日に冷蔵室に移して自然解凍。汁物には凍ったまま入れてOK。

**安心ポイント**　根元を洗う

根元の部分についている土や汚れを、水を張ったボウルの中で水を流しながらよくふり洗いをします。

**コラム**　鍋料理に最適の食材

水菜はアクがなく、肉や魚の臭みを消す作用があるため、いろいろな具材が入っている鍋に最適。最後にさっと加えて歯ごたえを楽しんで。

# モロヘイヤ

| 旬 | 栄養成分 | 保存期間 |
|---|---|---|
| **夏**<br>(7〜8月)<br>1 2 3 4 5 6 7 8 9 10 11 12 | β-カロテンの含有量はにんじんを上回り、ぬめり成分のムチンは糖尿病の予防にも。 | 野菜室で<br>**1〜2日** |

冷蔵 ○　冷凍 ○　常温 ×　漬ける ○　干す ○

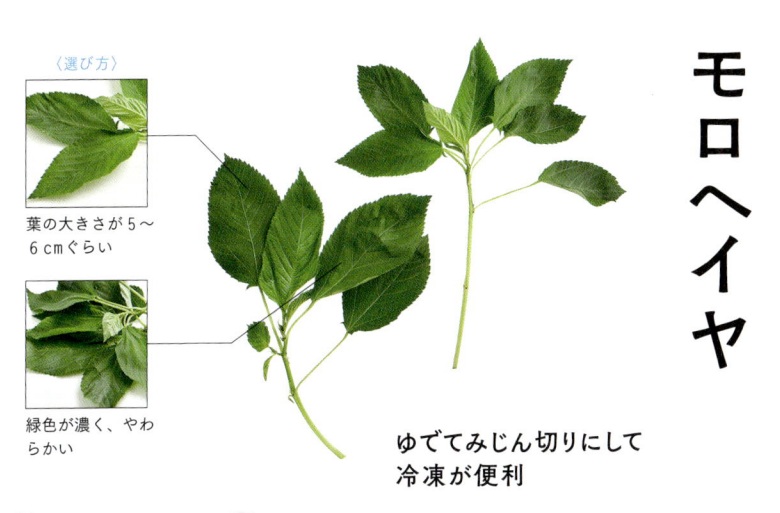

〈選び方〉
- 葉の大きさが5〜6cmぐらい
- 緑色が濃く、やわらかい

## ゆでてみじん切りにして冷凍が便利

### 冷凍保存　保存期間 1カ月

**ゆでてみじん切りに**
さっとゆでて水けを絞って刻み、ラップで包んで冷凍用保存袋へ。

### 冷蔵保存　保存期間 1〜2日

**紙タオル&ポリ袋（丸ごと）**
ペーパータオルで包んでポリ袋に入れ、口を軽く閉じて立てて保存。

» **おいしい解凍法　自然解凍・凍ったまま調理**
あえ物などにするときは、前日に冷蔵室に移して自然解凍。汁物には凍ったまま入れてOK。

**安心ポイント　さっとゆでる**
① 水を張ったボウルの中でよくふり洗いをし、さっとゆでます。
② シュウ酸を多く含むので食べすぎに気をつけます。

**コラム　野菜の王様**
古代エジプトの王様が、モロヘイヤのスープを飲んだら重い病気が治ったと伝えられるほど、モロヘイヤは栄養価の高い野菜。夏バテ防止にも◎。

葉物野菜

| 旬 | 栄養成分 | 保存期間 |
|---|---|---|
| **夏**<br>(7〜8月)<br>1 2 3 4 5 6 7 8 9 10 11 12 | 高血圧予防や整腸作用に効果的な食物繊維、血行をよくするビタミンEが豊富。 | 冷蔵室で<br>**2〜3週間** |

冷蔵 ◯　冷凍 ✕　常温 ✕　漬ける ◯　干す ◯

# レタス

芯から水分が逃げるのでしっかりカバー

葉は緑色が濃すぎないもの

切り口が変色していないもの

〈選び方〉 
大きさに比べてあまり重くないもの

**コラム　ストレスにも効く意外な効能**

芯から出る白い液体には、鎮静、催眠作用があるラクツカリウムが含まれているので不眠や疲れを感じているときに効果的。栄養面ではサニーレタスの方がβ-カロテン、ビタミンEが豊富。

**安心ポイント　外葉は取って使う**

① 農薬を多く散布しているレタスは外葉を1枚取ってから使います。
② 生で食べるときは1枚ずつ丁寧に洗い、5分ほど水にさらします。

PART 2 | 野菜・果物の保存テク

## 冷蔵保存

保存期間 2～3週間

### 芯に小麦粉を塗ればグンと長もち

**STEP 1** 丸ごと 
**芯の切り口を切る**
芯の切り口を2～3mm切り落とす。

**STEP 2** 
**芯に小麦粉を塗る**
断面に小麦粉か片栗粉を塗って水分の蒸発を防ぐ（P.140）。

**STEP 3** 
**新聞紙とラップで**
新聞紙で包み、最後にラップをかける。またはポリ袋に入れる。

---

## 漬ける

保存期間 1～2日

### 浅漬けにするとさっぱりおいしい

**STEP 1** 
**適当な大きさに切る**
レタスは4cm四方ぐらいのざく切りにして5分ほど水にさらし、水けをよくきる。

**STEP 2** 
**漬け汁に漬ける**
浅漬けの調味液に入れて漬ける。塩昆布・赤唐辛子・ごま油で漬けてもおいしい。

**memo**
**熱湯をかけて保存しても**
熱湯をかけるとしんなりします。粗熱を取り水けをよく絞り、ポリ袋に入れて冷蔵室で保存。あえ物に。

---

## 干す

保存期間 1カ月

### しなしなになるまで干すのがコツ

**STEP 1** 
**縦四つ割りにする**
丸ごとのレタスは芯をつけたまま縦四つ割りにする。1枚ずつはがしてもOK。

**STEP 2** 
**ザルにのせて干す**
切り口を上にしてザルに並べ、3日ほど干す。しなしなになるまで干すのがコツ。

**memo**
**干しレタスの使い方**
そのままスープに入れたり、水で戻してあえ物や炒め物にもおすすめ。

実・茎野菜

# アスパラガス

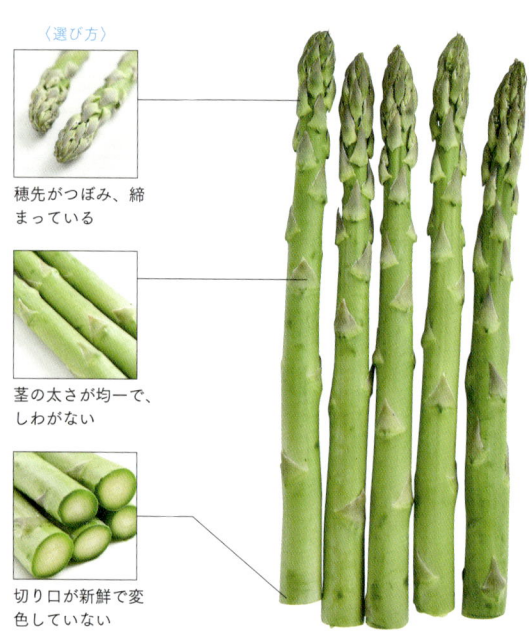

二重包装で乾燥を防ぐのがポイント

| 旬 | 栄養成分 | 保存期間 |
|---|---|---|
| 春～夏<br>（3～6月）<br>1 2 3 4 5 6 7 8 9 10 11 12 | 抗酸化作用があるルチン、疲労回復などに効果的なアスパラギン酸のほかビタミンC、Eも豊富。 | 冷蔵室で<br>3～4日 |

冷蔵 ○　冷凍 ○（ゆでたもの）　常温 ✕　漬ける ○　干す ○

〈選び方〉
- 穂先がつぼみ、締まっている
- 茎の太さが均一で、しわがない
- 切り口が新鮮で変色していない

**コラム　サビない体をつくる栄養素は？**

アスパラギン酸やさまざまな栄養素をもち、アンチエイジングやがん抑制に効果的。ルチンやビタミンCは水溶性なのでゆでるときはさっと。ホワイトアスパラガスは軟白栽培のため栄養価が低い。

**安心ポイント　1本ずつ丁寧に洗い、塩ゆでする**

① ボウルに水を張り、流水をかけながら、1本ずつ丁寧に洗います。
② 塩を入れてゆでると農薬が抜け、色どめにもなります。

PART 2 | 野菜・果物の保存テク

## 冷蔵保存

保存期間 3〜4日

### ペーパータオルとポリ袋で立てて保存

**STEP 1　丸ごと**
**紙タオルで包む**
ペーパータオルでアスパラガスを数本ずつ包む。1本ずつでもOK。

**STEP 2**
**ポリ袋に入れる**
根元を下にしてポリ袋に入れ、口を軽く閉じる。

**STEP 3**
**冷蔵室に立てて保存**
深めの容器に穂先を上にして立てて保存。ドアポケットに保存でもOK。

## 冷凍保存

保存期間 1カ月

### 長もちのコツはゆでてから冷凍すること

**STEP 1　ゆでて**
**かために塩ゆで**
かために塩ゆでして、ペーパータオルで水けをよく拭き取る。

**STEP 2**
**適当な大きさに切る**
ぶつ切りや斜め切りなどにして、小分けにしてラップに包んで急冷、冷凍用保存袋へ。

**» おいしい解凍法**

**凍ったまま調理でラク！**

冷凍したアスパラガスは、凍ったまま調理。炒め物やスープ、パスタの具、薄切り肉で巻いて焼いても。

## 干す

保存期間 1カ月

### ピーラーで薄く削って干す

**STEP 1**
**ピーラーで薄く削る**
はかまを取り除き、ピーラーで薄く削る。斜め切りなどでもOK。

**STEP 2**
**ザルに広げて干す**
ザルやネットに広げ、1〜2日干す。煮物や炒め物に活用可能。

**memo**

**お手軽！めんつゆ漬け**

ひと煮立ちさせためんつゆに赤唐辛子を入れ、ゆでたアスパラガスを入れて漬けるだけでおいしい保存食に。

実・茎野菜

| 旬 | 栄養成分 | 保存期間 |
|---|---|---|
| **夏～秋**<br>（7～9月）<br>1 2 3 4 5 6 7 8 9 10 11 12 | 大豆と並びたんぱく質、脂質を多く含み、大豆には含まれないビタミンCも豊富で美肌効果も。 | 冷蔵室で<br>**1～2日** |

冷蔵 ○ 　冷凍 ○（ゆでたもの）　常温 ✗　漬ける ○　干す ○

# 枝豆

さやのまま塩ゆでして冷凍を

〈選び方〉
- さやにうぶ毛がついている
- ふっくらとした豆が3個ある

## 冷凍保存　保存期間 2カ月

**ゆでて**

**塩ゆでして冷凍**
さやつきのまま塩ゆでし、ザルにあげて冷まして冷凍用保存袋へ。

## 冷蔵保存　保存期間 1～2日

**丸ごと**

**新聞紙&ポリ袋で**
枝を1cm残して切り、新聞紙に包んでポリ袋に入れ、冷蔵室で保存。

》おいしい解凍法　**自然解凍・流水解凍**
前日に冷蔵室に移し、一晩おいて自然解凍、もしくは、袋ごと流水解凍が◎。

**安心ポイント**　流水の中でこすり洗い

流水の中でよくこすり洗いをし、汚れを落とします。さやの端を片方切り落とし、塩をこすりつけ、よく揉みます。

**コラム**　実は肝臓にやさしいおつまみです

アルコールの分解を助けてくれる必須アミノ酸のメチオニン、ビタミンB群、ビタミンCが含まれるため、肝臓への負担を軽減させる効果も。

| 旬 | 栄養成分 | 保存期間 |
|---|---|---|
| 春〜夏<br>（4〜6月）<br>1 2 3 4 5 6 7 8 9 10 11 12 | たんぱく質のほかビタミンB群、C、鉄などが豊富。血栓予防、貧血予防などに効果的。 | 冷蔵室で<br>2〜3日 |

| 冷蔵 ○ | 冷凍 ○<br>（ゆでたもの） | 常温 ✕ | 漬ける ○ | 干す ○ |

# そら豆

さやから出すのは加熱直前が◎

〈選び方〉
- 緑色が鮮やかでツヤがある
- 豆が3個で形が揃っている

## 冷凍保存　保存期間 2カ月

**ゆでて**

**塩ゆでする**
豆を出して塩ゆでし、粗熱を取り、冷凍用ポリ袋に入れて冷凍。

## 冷蔵保存　保存期間 2〜3日

**丸ごと**

**新聞紙＆ポリ袋で**
さやつきのまま新聞紙に包み、ポリ袋に入れて冷蔵室で保存。

» **おいしい解凍法　ゆでる・凍ったまま調理**
凍ったまま、さっとゆでて解凍するのがおすすめ。炒め物などには凍ったまま加えて調理。

**安心ポイント　二重に守られているので安心**

さやから出してからゆで、薄皮も取って食べるので、農薬などの心配はありません。

**コラム　ミネラルたっぷり豆の王様**

ビタミンB群が多く、糖質の分解、代謝を助ける。旬のものは外皮がやわらかく食物繊維もたっぷり含んでいるので皮ごと食べられる。

実・茎野菜

| 旬 | 栄養成分 | 保存期間 |
|---|---|---|
| 夏〜秋<br>（7〜9月）<br>1 2 3 4 5 6 7 8 9 10 11 12 | 整腸作用を促すペクチンをはじめ、β-カロテン、ビタミンB群、ビタミンC、カリウムなどが豊富。 | 野菜室で<br>3〜4日 |

| 冷蔵 ○ | 冷凍 ○ | 常温 ○ | 漬ける ○ | 干す ○ |
|---|---|---|---|---|
|  | （ゆでたもの） | （1日） |  |  |

## オクラ

使いきれなかった分は冷凍がおすすめ

〈選び方〉
- ガクにトゲがある
- 青々としてうぶ毛が密集している

---

**コラム　生でも加熱しても栄養素は同じ**

ペクチンなどのネバネバ成分は粘膜を保護し、便秘を防ぎ大腸がんを予防する効果が。熱にも強いので加熱料理も◎。β-カロテンはレタスの約3倍、ビタミン、ミネラルの含有量はピーマン以上。

**安心ポイント　洗って塩でよくこする**

① ボウルの中でこすり洗いをし、ヘタとガクを取ってまな板の上で板ずりをします（P.68）。
② ゆがいても生に近い食感は保たれるので、さっとゆでて有害物質を排出させます。

PART 2 | 野菜・果物の保存テク

## 冷蔵保存

保存期間 3〜4日

### 低温に弱いので冷やしすぎに注意！

**STEP 1 丸ごと**
**紙タオルで包む**
乾燥、低温に弱いため、直接冷気が当たらないようにペーパータオルなどで包む。

» **STEP 2**
**ポリ袋に入れる**
ポリ袋に入れて口を軽く閉じ、野菜室で保存。傷みやすい野菜なのでなるべく早く食べきる。

**memo**

**あたたかい場所で育った野菜は**

低温障害を起こしやすく、5℃以下での保存はNG。オクラを保存するなら、必ず野菜室で保存を。

---

## 冷凍保存

保存期間 1カ月

### 軽くゆでてから冷凍すれば1カ月保存可能

**ゆでて**
**軽くゆでて冷凍**
ヘタとガクを取り、板ずりしてさっとゆでて冷まし、水けを拭いて冷凍用保存袋へ。

**小口切りを冷凍**
ゆでて小口切りにして冷凍用保存袋に入れる、または小分けにしてラップで包んで冷凍。

» **おいしい解凍法**

**自然解凍・凍ったまま調理**

お浸しに使うときは、前日に冷蔵室に移して自然解凍します。炒め物やスープには凍ったまま調理が◎。

---

## 干す

保存期間 1カ月

### 干してもネバネバは健在！ 香りと歯応えを楽しむ

**切り口を上にして干す**
板ずりして水洗いをし、水けを拭き取って縦半分に切る。切り口を上にして2〜3日干す。

**memo**

**干しオクラの使い方**

さっと水洗いしたあとに、10分ほどぬるま湯で戻し、表面の水けを拭き取って使う。カレーやスープに。

**オクラは漬け物にも◎**

オクラはヘタとガクを取り、板ずりをしてさっとゆでたら、白だし、砂糖などと一緒に漬け込むとおいしい。

実・茎野菜

| 旬 | 栄養成分 | 保存期間 |
|---|---|---|
| 夏～秋<br>（7～9月）<br>1 2 3 4 5 6 7 8 9 10 11 12 | 老化防止に効果的なビタミンEを多く含み、食物繊維が豊富なので整腸作用も効果大。 | 冷暗所で丸ごとなら<br>2～3カ月 |

冷蔵 ○　冷凍 ○（加熱したもの）　常温 ○　漬ける △　干す ○

# かぼちゃ

カットしたものを買ってきたら種とワタを取り除く

〈選び方〉

- ヘタの切り口が乾いてコルク状
- 濃い緑色でずっしりと重い
- 黄色が濃く、種がふっくらしている

**コラム　栄養のかたまり、捨てるところなし**

β-カロテンが豊富でビタミンC・Eがさらに抗酸化作用を高めてくれる。中身より皮にβ-カロテンが多く含まれているので、皮をよく洗って活用すると◎。種にも動脈硬化を予防するリノール酸が豊富。

**安心ポイント　皮の表面をよく洗う**

① 流水で皮の表面をたわしなどでよくこすって洗い、ところどころ皮を薄くむきます。
② 心配なら、皮をむいてからもう一度洗ったり、下ゆでしてから使うと安心です。

PART 2 | 野菜・果物の保存テク

## 冷蔵保存

**保存期間 1週間**

### カットしたものは種とワタを取り除く

**STEP 1 種とワタを取り除く**
カットしたものは種とワタから傷み始めるので、買ってきたらすぐにスプーンで取り除く。

**STEP 2 ラップをかける**
切り口とくぼんだ部分にラップをぴっちりとかけ、野菜室に保存する。

**memo**

**種は捨てずに干して利用**

取り除いた種は、よく水洗いしてから干し、かたい殻をむいてそのまま食べるか、炒って食べて。

---

## 冷凍保存

**保存期間 1カ月**

### 加熱してから冷凍するのが基本

**電子レンジ加熱**
ひと口大に切って電子レンジにかけ（100gに対し2分）、粗熱を取ってから冷凍用保存袋へ。

**マッシュして冷凍**
ゆでたかぼちゃを潰し、小分けにしてラップで平たく包み、冷凍用保存袋に入れて冷凍。

**» おいしい解凍法**

**電子レンジ解凍・凍ったまま調理**

すでに火が通っているので、電子レンジで解凍。凍ったまま煮物や汁物に使ってもOK。

---

## 常温保存

**保存期間 2～3カ月**

### 風通しのよい冷暗所で保存

**新聞紙で包む**
丸ごとのかぼちゃは、新聞紙で包み、室内の風通しのよい冷暗所に置く。

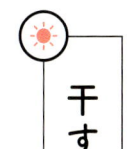

## 干す

**保存期間 1カ月**

### 旨みが増しておいしくなる

**ザルに並べて干す**
種とワタを取って水けを拭き取り、薄めに切ってザルに並べ、3日ほど干す。

実・茎野菜

| 旬 | 栄養成分 | 保存期間 |
|---|---|---|
| **冬～春**<br>（11～3月）<br>1 2 3 4 5 6 7 8 9 10 11 12 | レモンに負けないほどのビタミンCを含み、風邪予防や美肌作りに。 | 冷蔵室で<br>**1週間** |

| 冷蔵 ○ | 冷凍 ○<br>(ゆでたもの) | 常温 ○<br>(2～3日) | 漬ける ○ | 干す ○ |

# カリフラワー

つぼみ部分をしっかり包めば長もち

〈選び方〉

- つぼみが密集し、締まっている
- 外側の葉がしおれていない
- ずっしりと重みがある

**コラム** 加熱に強いが実は生食が一番！

美肌効果やがん抑制、老化防止などに効果的。多少の加熱処理でもビタミンCは破壊されないが、実は生で食べる方が栄養価が高い。サラダなどにプラスしてみて。茎もビタミンCを多く含む。

**安心ポイント** 塩、酢または小麦粉を加えてゆでる

① 小房に分け、塩水を張ったボウルにつけてふり洗いします。
② ゆでるときは、塩だけでゆでると変色するので、酢または小麦粉を加えて。特に小麦粉は、表面に膜ができるため変色を抑えます。

PART 2　野菜・果物の保存テク

## 冷蔵保存

**保存期間 1週間**

### つぼみ部分をペーパータオルで包んで

**STEP 1　紙タオルで包む**
ペーパータオルでカリフラワーのつぼみ部分をしっかり包む。

丸ごと

**STEP 2　ラップ＆ポリ袋に**
全体にラップをかけ、ポリ袋をかぶせて冷蔵室で立たせて保存。

**memo**

**水に生ける**
小さめのボウルなどに水を張り、茎をつける。ラップで覆い、冷蔵室で保存する方法もおすすめ。

---

## 冷凍保存

**保存期間 1カ月**

### 小房に分け、ゆでてから冷凍

**STEP 1　熱湯でゆでる**
太い茎を落とし、小房に分けて、塩、酢を入れた熱湯に入れ、1分ほどかたゆでにする。

ゆでて

**STEP 2　冷凍用保存袋へ**
水けをよく拭き取り、小房が重ならないように冷凍用保存袋に入れ、空気をぬいて冷凍。

**» おいしい解凍法**

**自然解凍・凍ったまま調理**
サラダに使うなら、前日に冷蔵室に移して自然解凍、加熱調理なら凍ったまま使えて便利。

---

## 干す

**保存期間 1カ月**

### 生のまま小房に分けて天日干しを

**STEP 1　よく洗い、水けを拭く**
太い茎を落とし、小房に分けてからよく洗い、ペーパータオルで水けをしっかりと拭き取る。

**STEP 2　ザルに広げて干す**
ザルに広げ、3日ほど干す。水でさっと洗ってシチューやスープに。

**memo**

**ピクルスにして保存も**
小房に分けたら、熱湯で3分ほどゆでて水けをきる。熱いうちにピクルス液に漬けると2週間ほど保存可能。

実・茎野菜

| 旬 | 栄養成分 | 保存期間 |
|---|---|---|
| 夏<br>(6〜8月)<br>1 2 3 4 5 6 7 8 9 10 11 12 | カリウムが多いのでデトックスに。90％は水分なので水分補給にも。 | 野菜室で<br>1週間 |

| 冷蔵 ○ | 冷凍 ○<br>（塩もみしたもの） | 常温 ○<br>（1〜2日） | 漬ける ○ | 干す ○ |

〈選び方〉

緑色が鮮やかでハリとツヤがある

トゲがあり、触ると痛い

太さが均一

# きゅうり

低温に弱いので冷やしすぎに注意

## コラム　ビタミンCの豊富な食材に注意

カリウムが多く利尿作用があり、むくみを改善。また、アスコルビナーゼというビタミンCを酸化させてしまう酵素が含まれるので、酢を加える、加熱するなど酵素の働きを抑える食べ方がおすすめ。

## 安心ポイント　よく洗い、板ずりする

① 流水で表面をよくこすり洗いします。
② まな板の上で塩をかけて転がし（板ずり）、塩を洗い流します。農薬を落とすだけでなく、青みも保ちます。

68

PART 2 野菜・果物の保存テク

## 冷蔵保存

保存期間 **1週間**

### 低温と水けに弱い野菜なので1本ずつ丁寧に包む

**STEP 1** 丸ごと
**水けを拭き取る**
水けがついていると傷みやすいので表面の水滴をペーパータオルでよく拭き取る。

**STEP 2**
**1本ずつ包む**
ペーパータオルで1本ずつ包み、ポリ袋に入れて軽く口を閉じる。

**STEP 3**
**立てて保存**
ヘタを上にして立てて野菜室に保存。生育している状態で置くとストレスフリーで長もち。

---

## 冷凍保存

保存期間 **2〜3週間**

### 水分が多いきゅうりは塩もみして冷凍

**STEP 1** 塩もみ
**塩もみ**
薄い小口切りにして塩をふり、しんなりしたら軽くもむ。さっと水で洗い、水けを絞る。

**STEP 2**
**ラップで包み急冷**
小分けにし、ラップで薄く包んで金属トレイにのせて急冷する。凍ったら冷凍用保存袋へ。

» **おいしい解凍法**
**半解凍で絞る**
調理するときは、半解凍したものを水けを絞って使います。酢の物やサラダ、混ぜ寿司などいろいろ使えて便利。

---

## 漬ける

保存期間 **2週間**

### ピクルスや浅漬け、ぬか漬けなどで保存

**ピクルスにする**
保存容器（瓶）にスティック状に切ったきゅうり、ピクルス液を入れて、冷蔵室で保存。

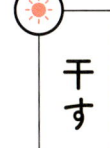

## 干す

保存期間 **1カ月**

### 青臭さがぬけ、生とは違うパリパリとした食感

**薄切りにして干す**
斜め切りなどにし、水けをよく拭き取る。ザルに広げ、2日ほど干す。汁物や炒め物に。

実・茎野菜

| 旬 | 栄養成分 | 保存期間 |
|---|---|---|
| **夏**<br>(6〜8月)<br>1 2 3 4 5 6 7 8 9 10 11 12 | 加熱に強いビタミンCを含み、美肌作りに。苦み成分モモルデシンはコレステロールの低下に。 | 野菜室で<br>**1週間** |

冷蔵 ○　冷凍 ○　常温 ○　漬ける ○　干す ○

# ゴーヤ

種とワタを取り除き、冷蔵保存

〈選び方〉
- 緑色が濃く、ハリとツヤがある
- イボが多く密集している
- 太さが均一で重みがある

**コラム　種もワタもムダなく活用可能**

苦み成分のモモルデシンが血糖値を低下させたり、胃の粘膜を保護。ビタミンCはトマトの5倍以上といわれ疲労回復にも効果あり。スライスしたゴーヤと種、ワタを干し、から煎りして健康茶としても。

**安心ポイント　スライスして水にさらす**

① 表面を流水の中でよくこすり洗いをします。
② 薄くスライスして水に30分ほどさらしておくと、苦みが薄まり、農薬が溶け出します。

PART 2 | 野菜・果物の保存テク

## 冷蔵保存

保存期間 **1週間**

### 買ったらすぐに種とワタを取り除く

**STEP 1 カット — 種とワタを取り除く**
中にあるワタの部分から傷むため、縦半分に切り、スプーンなどで種とワタを取り除く。

**STEP 2 — ラップでぴっちり包む**
ラップで空気が入らないように、ぴっちり包んで野菜室で保存。

**memo — 特に苦いところは？**
ゴーヤの種類や栽培方法によっても異なるが、種とワタの部分が特に苦い。苦手な方は丁寧に取って。

---

## 冷凍保存

保存期間 **1カ月**

### 塩もみまたはさっとゆでてから冷凍

**塩もみ — 塩もみして冷凍**
薄切りにして塩もみし、水洗いをして水けを絞る。冷凍用保存袋に入れて急冷。

**ゆでて — ゆでて冷凍**
かためにゆでて冷水にさらし、水けをよく拭き取り、冷凍用保存袋に入れて急冷。

**» おいしい解凍法 — 半解凍で絞る**
調理するときは、半解凍して、水けを絞って使います。酢の物やサラダ、混ぜ寿司などいろいろ使えて便利です。

---

## 常温保存

保存期間 **3〜4日**

### 新聞紙で包むと長もち

**丸ごと — 新聞紙で包む**
1本丸ごとを新聞紙で包んで冷暗所に置く。

## 干す

保存期間 **1カ月**

### 水で戻して炒め物やあえ物に！

**薄切りにして干す**
縦半分に切って種とワタを取り、薄切りにしてザルに広げて2日ほど干す。煮物も◎。

実・茎野菜

| 旬 | 栄養成分 | 保存期間 |
|---|---|---|
| **春**<br>（4～5月）<br>1 2 3 4 5 6 7 8 9 10 11 12 | 脂肪を燃焼させてくれるアミノ酸が豊富。また、免疫力を高めるβ-カロテンやビタミンCも多い。 | 冷蔵室で<br>**1週間** |

| 冷蔵 ⭕ | 冷凍 ⭕<br>（ゆでたもの） | 常温 ❌ | 漬ける ⭕ | 干す ❌ |

# さやえんどう

空気をなるべく入れないように保存して

〈選び方〉
- ガクがしっかりしている 
- さやが薄く、中の豆が小さい 

## 冷凍保存　保存期間 1カ月
**ゆでて**
**塩ゆでして冷凍**
ヘタと筋を取り塩ゆでして水けを拭き、冷凍用保存袋に入れて冷凍。

## 冷蔵保存　保存期間 1週間
**丸ごと**
**紙タオル＆ポリ袋で**
ペーパータオルに包み、ポリ袋に入れて軽く口を閉めて保存。

» **おいしい解凍法**　**凍ったまま調理が便利**
加熱料理には凍ったまま、あえ物には電子レンジや熱湯をかけるなどして解凍を。

**安心ポイント**　**ヘタやひげ、筋を取ってゆでる**
ヘタを折って引っ張り、筋、ひげを取り除きます。熱湯でさっと1分ほどゆでれば、農薬などの有害物質が流れ出ていきます。

**コラム**　**彩り役は縁の下の力持ち**
抗酸化作用ほか多くの効能があり栄養価が高い。豆には豊富なビタミン類が含まれ、これらを効率よく吸収するにはごまあえで食べるのが◎。

PART 2 　野菜・果物の保存テク

| 旬 | 栄養成分 | 保存期間 |
|---|---|---|
| 夏〜秋<br>（6〜9月） | 抗酸化作用の高いβ-カロテンが豊富で、ビタミンB群、カリウムなども多く、高血圧予防にも。 | 野菜室で<br>1週間 |

冷蔵 ◯ 　冷凍 ◯（ゆでたもの）　常温 ✕ 　漬ける ◯ 　干す ◯

## さやいんげん
乾燥を避けて鮮度をキープ

〈選び方〉
- 肉厚で中の豆の粒が揃っている 
- 緑色が濃く先がピンとしている 

### 冷凍保存　保存期間 1カ月
**塩ゆでして冷凍**
塩ゆでして水けを取り半分に切ってラップに包み、冷凍用保存袋へ。（ゆでて）

### 冷蔵保存　保存期間 1週間
**紙タオルで包む**
ペーパータオルに包み、ポリ袋に入れて軽く口を閉めて保存。（丸ごと）

» おいしい解凍法　**自然解凍・レンジ解凍**
前日に冷蔵室に移し、一晩おいて自然解凍か、急ぐときは電子レンジ解凍でも◎。

**安心ポイント**　ヘタを取り、ゆでる
ヘタを取り、流水の中で1本ずつ丁寧にこすり洗いをします。炒める場合も一度ゆでてから使います。

**コラム**　若いさやには美肌効果のもとが
β-カロテンは油やごまと一緒に摂ると吸収率が上がり、体内でビタミンAに変わるので美肌効果も。

実・茎野菜

# セロリ

| 旬 | 栄養成分 | 保存期間 |
|---|---|---|
| **春**（3〜4月）<br>1 2 3 4 5 6 7 8 9 10 11 12 | 独特の香りのもとであるセダノリッドとセネリンなどが食欲増進、精神安定、頭痛などに効果的。 | 冷蔵室で**1週間** |

冷蔵 ○　冷凍 ○　常温 ✕　漬ける ○　干す ○

〈選び方〉

- 葉は緑色で全体にハリがある
- 茎は白く肉厚で筋がくっきり
- NG! 切り口の変色、傷がある

**葉と茎を切り離して保存性を高めて**

---

**コラム　葉の方が多くの栄養素を含む**

ビタミンB群・C、β-カロテン、カリウムなどをバランスよく含んでいるセロリは、茎よりも葉に多く栄養素が含まれるので捨てずに活用を。炒め物やスープの具、佃煮などにするのがおすすめ。

**安心ポイント　よくこすり洗いをする**

① 茎の内側も忘れないように、全体をくまなくこすり洗いします。
② 薄い酢水に5分ほどつけて有害物質を取り除きます。

PART 2 | 野菜・果物の保存テク

## 冷蔵保存

保存期間 1週間

### 葉と茎を切り離してペーパータオル&ポリ袋で保存

**STEP 1** 丸ごと
**葉と茎を切り離す**
葉は傷みやすいので、葉と茎は切り離して別々に保存する。

**STEP 2**
**紙タオル&ラップ**
葉と茎をそれぞれペーパータオルで包み、ラップでぴっちりと包む。

**STEP 3**
**立てて保存**
深さのある容器に入れ、冷蔵室に立てて保存。またはドアポケットに立てて保存。

## 冷凍保存

保存期間 1カ月

### 葉は冷凍して砕く

生で
**冷凍用保存袋で**
葉は冷凍用保存袋に入れ、凍ったら、袋のまま揉んで砕いて使う。茎は薄切りにして冷凍。

**memo**

**セロリの葉の活用法**
セロリの葉は栄養価が高いので捨てるのはもったいない! 余った葉は佃煮にしてもセロリ特有の香りが残り、おいしい一品になります。また、じゃこと一緒に炒めてふりかけにしたり、卵と一緒に炒めたり、天ぷらにして食べるのもおすすめです。

## 漬ける

保存期間 1〜2週間

### ピクルスにすると長もち

**ピクルスを作る**
保存容器にスティック状に切ったセロリ、ピクルス液を入れて冷蔵室で保存する。

## 干す

保存期間 1カ月

### 干して煮込み調理に

**葉と茎を分けて干す**
葉は摘み、茎は筋を取ってから薄切りにしてザルに広げ、2日ほど干す。煮込み料理に。

実・茎野菜

| 旬 | 栄養成分 | 保存期間 |
|---|---|---|
| **夏**（6〜8月）<br>1 2 3 4 5 6 7 8 9 10 11 12 | 低カロリーでβ-カロテン、ビタミンC、カリウムが豊富。亜鉛は味覚障害の予防にも。 | 野菜室で**4〜5日** |

| 冷蔵 ◯ | 冷凍 ◯（炒めたもの） | 常温 ◯ | 漬ける ◯ | 干す ◯ |

# ズッキーニ

低温障害を起こさないように工夫を

〈選び方〉
- ヘタの切り口がみずみずしい
- 太さが均一でツヤがある

## 冷凍保存　保存期間 1カ月

**さっと炒めて小分け**（炒めて）
1cm厚さの輪切りにしてさっと炒め、小分けにしてラップで包み冷凍。

## 冷蔵保存　保存期間 4〜5日

**新聞紙で包む**（丸ごと）
新聞紙で包み、ポリ袋に入れて軽く口を閉め、野菜室に保存。

» **おいしい解凍法　凍ったまま調理**
凍ったまま煮込み料理やカレーに加えて調理を。炒め物にも使えて便利。

**安心ポイント　さっとゆでる**
流水の中で表面をよくこすり洗いします。心配な場合はさっとゆでると農薬を落とせるので安心です。炒め物に使う場合も同様に。

**コラム　むくみ解消、ダイエットに最適**
ズッキーニに含まれるβ-カロテンは油を使うことで吸収率がアップ。調理の前に一度炒めてから煮込むと◎。低カロリーなのでダイエットにも最適。

# とうもろこし

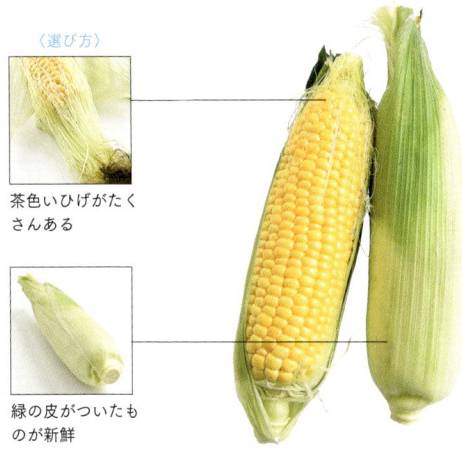

| 旬 | 栄養成分 | 保存期間 |
|---|---|---|
| **夏〜秋**（6〜9月）<br>1 2 3 4 5 6 7 8 9 10 11 12 | 主成分の糖質とたんぱく質は疲労回復に。胚芽部分に含まれるビタミンB群、Eは動脈硬化を防ぐ。 | ゆでて冷蔵室で**1週間** |

| 冷蔵 ○ | 冷凍 ○（ゆでたもの） | 常温 × | 漬ける × | 干す ○ |

鮮度が落ちるのが早いので買ってきたらすぐゆでる

〈選び方〉
- 茶色いひげがたくさんある
- 緑の皮がついたものが新鮮

## 冷凍保存　保存期間 3カ月

**ゆでて実をはずす**
ゆでる、蒸すなどして実を軸からはずし、冷凍用保存袋に入れ冷凍。

## 冷蔵保存　保存期間 1週間

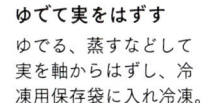

**すぐにゆでて冷蔵**
すぐにゆでて粗熱を取り、ラップに包んで冷蔵。生だと2〜3日。

» **おいしい解凍法　自然解凍・熱湯をかける**
前日に冷蔵室に移し、一晩おいて自然解凍を。熱湯をかける、凍ったまま調理も可能。

### 安心ポイント　ゆで汁は捨てる
栽培時や輸入の際に使う農薬が残っている場合もあるので、皮をむいたらよく水洗いします。ゆで汁は使わず捨てます。

### コラム　胚芽部分の栄養素がポイント
胚芽部分には、高血圧を予防する必須脂肪酸（リノール酸）が含まれる。ひげはむくみ解消などに効果があり、干して煎じてお茶にしてもよい。

実・茎野菜

| 旬 | 栄養成分 | 保存期間 |
|---|---|---|
| 新玉ねぎ **春**（4〜5月）　**秋〜春**（9〜3月）<br>1 2 3 4 5 6 7 8 9 10 11 12 | ビタミンB₁が豊富なので疲労回復に効果的。刺激成分であるアリシンは血液サラサラに。 | 冷暗所に吊るして **2カ月**<br>（新玉ねぎは冷蔵室で1週間） |

| 冷蔵 ◯ | 冷凍 ◯（加熱して） | 常温 ◯（新玉ねぎ✕） | 漬ける ◯ | 干す ◯ |

# 玉ねぎ

湿気のない風通しのよい場所で常温保存

〈選び方〉
- 皮が透明な茶色でツヤがある
- 頭部がしっかりとかたい

**NG** 傷があり芽や根が出ている

---

**コラム** 効能を期待するなら生食が効果的

香り成分のアリシンは、ビタミンB₁の吸収を助け、老廃物を排出し疲労回復に効果あり。ビタミンB₁が豊富な豚肉との相性が抜群。風邪予防などには生食の方が薬効に期待できる。

**安心ポイント** 水につけて農薬を出す

① 農薬や殺菌剤が使われているため、外側の皮は丁寧にむいて使わずに捨てます。
② 全体を水で洗います。ただし、栄養も溶け出してしまうのでさっと洗うこと。

## PART 2　野菜・果物の保存テク

### 冷蔵保存

**新玉ねぎやカットした玉ねぎは冷蔵室へ**

保存期間：1週間（新玉ねぎ）／3〜4日（カット）

丸ごと

**新聞紙＆ポリ袋で**
1つずつ新聞紙に包み、ポリ袋に入れて軽く口を閉めて冷蔵室へ。切ったらラップで包む。

### 漬ける

**調味液に漬けて保存を**

保存期間：2週間

**しょうゆ漬けに**
切って塩をふって15分ほどおき、合わせたしょうゆ、酢、ごま油、砂糖、赤唐辛子で漬ける。

---

### 冷凍保存

**よく炒めてから冷凍保存**

保存期間：1カ月

炒めて

**よく炒める**
みじん切りや薄切りにして油でねっとりするまでよく炒め、冷ましてから冷凍用保存袋へ。

加熱して

**電子レンジで加熱**
薄切り玉ねぎ1個分にラップをかけ、電子レンジで5分加熱。冷まして冷凍用保存袋へ。

» おいしい解凍法

**凍ったまま調理・自然解凍**

カレーに使うときは凍ったまま調理でOK。ハンバーグに加えるときは、前日に冷蔵室に移して自然解凍を。

---

### 常温保存

**風通しのよい冷暗所に吊るす**

保存期間：2カ月

丸ごと

**ネットに入れる**
買ってきたらポリ袋から出してネットに入れて吊るす。風通しのよい冷暗所に。

丸ごと

**段ボールに入れて保存**
大量にあるときは、新聞紙を敷いた段ボールに玉ねぎを入れ、上に新聞紙をかける。

### memo

**スライスしてオーブンで乾燥**

オーブンシートを敷いた天板にスライスした玉ねぎを並べ、低温で約1時間加熱。袋に入れ常温で1カ月保存。

実・茎野菜

| 旬 | 栄養成分 | 保存期間 |
|---|---|---|
| 夏～秋<br>（6～9月）<br>1 2 3 4 5 6 7 8 9 10 11 12 | 抗酸化作用の強いリコピンは血糖値を下げ、動脈硬化を予防。ビタミンCが豊富で美白効果も。 | 野菜室で<br>**2週間** |

冷蔵 ○　冷凍 ○　常温 ○　漬ける △　干す ○

# トマト

熟したものはペーパータオルで包む

〈選び方〉
- 赤みが濃くハリとツヤがある
- ヘタが緑色でピンとしている
- 八方に白いスジが見えるもの

## コラム　トマトパワーで病気知らず

がんや動脈硬化を予防するリコピンが豊富。リコピンは脂溶性のため、ドレッシングをかけるなど油と一緒に食べる方が吸収率がよい。種の周りには旨味成分のグルタミン酸が豊富なので捨てないで。

## 安心ポイント　塩水の中でこすり洗い

① やわらかい布を使い、塩水の中で1つずつ丁寧に表面をこすり洗いします。
② 心配なら、生で食べるときも湯むきをするとより安心。

PART 2 | 野菜・果物の保存テク

## 冷蔵保存

保存期間：2週間

### ヘタを下にして重ならないようにポリ袋へ

**STEP 1　丸ごと**
**1つずつ包む**
熟したものはより傷みやすいので、1つずつペーパータオルに包む。

**STEP 2**
**ポリ袋に入れる**
ヘタを下にしてポリ袋に入れて安定させ、軽く口を閉じて野菜室で保存。

### memo

**オイル漬けが便利**

ドライトマト、にんにく、赤唐辛子を煮沸消毒した瓶に入れ、オリーブオイルを注ぐだけ。パスタソースに。

---

## 冷凍保存

保存期間：1カ月

### 丸ごとまたはカットして冷凍

**生で**
**丸ごと冷凍**
丸ごと冷凍すると、解凍の際に皮むきが簡単。冷凍用保存袋にヘタを下にして入れて冷凍。

**生で**
**カットして冷凍**
ざく切りにして冷凍用保存袋に入れて冷凍。トマトソースにして冷凍も可能。

**» おいしい解凍法**

**電子レンジ解凍が便利**

耐熱皿にのせてそのまま電子レンジで解凍します。簡単に皮がむけるのでスープや煮込み料理に。

---

## 常温保存

保存期間：2〜3日

### 青いものや真夏以外は常温保存

**丸ごと**
**冷暗所で保存**
追熟温度は15〜25℃。新聞紙で包みカゴにヘタを下にして並べ、冷暗所で保存を。

## 干す

保存期間：1カ月

### 生よりも香り高く、濃厚な味わいに

**ドライトマトにする**
輪切りにして種と水けを取り、オーブンシートを敷いた天板に並べ、低温で約1時間加熱。

実・茎野菜

| 旬 | 栄養成分 | 保存期間 |
|---|---|---|
| 夏〜秋<br>（6〜9月）<br>1 2 3 4 5 6 7 8 9 10 11 12 | 皮の色素、ナスニンといわれるポリフェノールの一種は抗酸化作用があり、生活習慣病を予防する。 | 野菜室で<br>1週間 |

| 冷蔵 ○ | 冷凍 ○<br>（加熱して） | 常温 ○ | 漬ける ○ | 干す ○ |

〈選び方〉

ヘタは黒っぽく、トゲがある

紫色が濃く、ハリ、ツヤがある

NG!

傷やシワがあるものはNG

## なす

低温障害になりやすいので野菜室へ

---

**コラム** 塩を使って カロリー抑制

油で調理することによってナスニンが吸収されやすくなるが、ムダに油を吸って高カロリーに。油調理をする前に、切ってから塩水につけるか切り口に塩をふっておくと油の吸いすぎ防止になる。

**安心ポイント** 2回、水につける

① スポンジなどでよくこすり洗いを。そのまま3分ほど水につけ、農薬を外に出します。
② 切ってからまた水につけるとアクがぬけ、農薬もさらに減り変色も防げます。

PART 2 野菜・果物の保存テク

## 冷蔵保存

**保存期間 1週間**

### 冷やしすぎないように気をつける

**STEP 1 紙タオルで包む**(丸ごと)
低温障害になりやすいため、直接冷気が当たらないようにペーパータオルで包む。

**STEP 2 ポリ袋に入れる**
1つずつペーパータオルで包み、ポリ袋に入れて軽く口を閉じ、野菜室に立てて保存。

**memo 漬物によく合う野菜**
塩漬け、からし漬け、麹漬け、しば漬けなどバラエティ豊か。ほどよく水分が抜け、しっとりとした食感に。

---

## 冷凍保存

**保存期間 1カ月**

### 加熱してしんなりしてから冷凍。水分をぬくことがポイント

**STEP 1 切って炒める**(炒めて)
輪切りなど食べやすい大きさに切り、油で炒めて粗熱を取る。

**STEP 2 冷凍用保存袋へ**
冷凍用保存袋に入れてしっかり空気をぬき、密閉して冷凍。

**》おいしい解凍法**

**急ぐ場合は電子レンジ解凍で**
炒めたなすは凍ったまま調理。焼きなすは前日に冷蔵室に移して自然解凍、急ぐときは電子レンジ解凍が◎。

---

## 常温保存

**保存期間 1〜2日**

### 新聞紙に包んで室内の冷暗所に保存

**紙で1本ずつ包む**(丸ごと)
新聞紙に1本ずつ包み、かごに入れて立てて冷暗所に保存。

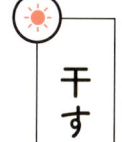

## 干す

**保存期間 1カ月**

### 漬物、煮物、汁物におすすめ

**アクを取って干す**
縦4等分などに切り、水につけてアクを取る。水けを拭いてザルに並べ、3日ほど干す。

実・茎野菜

| 旬 | 栄養成分 | 保存期間 |
|---|---|---|
| 夏<br>（6〜8月）<br>1 2 3 4 5 6 7 8 9 10 11 12 | ビタミンC、E、β-カロテンやカリウムを豊富に含み、風邪や夏バテ防止、免疫力向上も。 | 野菜室で<br>ピーマン：3週間<br>パプリカ：10日〜2週間 |

| 冷蔵 ○ | 冷凍 ○ | 常温 ○ | 漬ける ○ | 干す ○ |

# ピーマン・パプリカ

水けを嫌う野菜は通気がポイント

〈選び方〉
- ヘタがピンとしている
- 果肉の色、ツヤ、ハリがある
- 色ムラがない

### コラム　ピーマンVSパプリカ 栄養の勝敗は？

豊富な栄養素をもつピーマンだが、パプリカはピーマンよりもビタミンCが多く、β-カロテンはピーマンのなんと約7倍。赤ピーマン、赤パプリカにおいては抗酸化成分のカプサンチンも含まれる。

### 安心ポイント　種とワタを取って裏側も洗う

① 半分に切って種とワタを取り、表裏をよく洗います。30秒ほど湯通しをしてから水にさらすと農薬も除けます。
② パプリカは真っ黒に焼いて皮をむくとより安心。

PART 2　野菜・果物の保存テク

## 冷蔵保存

保存期間 3週間（ピーマン） 10日～2週間（パプリカ）

### ペーパータオル＆ポリ袋で通気性を高めて

**丸ごと**
**紙タオルで包む**
丸のままペーパータオルで包み、ポリ袋に入れて軽く口を閉じ、野菜室で保存。

**カット**
**種とワタを取る**
カットしたものは種とワタを取り除き、ラップでぴっちりと包む。2～3日で使いきる。

> memo
> **ポリ袋は密封しない**
> ポリ袋は密閉せず、軽く口を閉めるか、フォークなどを使って穴をあけるとよい。

## 冷凍保存

保存期間 1カ月

### 使いやすい大きさに切って冷凍

**STEP 1　生で**
**せん切りにする**
せん切りなど使いやすい大きさに切る。生のままか、ゆでる、炒めるなどしてから冷凍。

**STEP 2**
**ラップで包む**
使いやすい分量に小分けにして、ラップに包んで冷凍。凍ったら冷凍用保存袋に入れる。

》 おいしい解凍法

**自然解凍・凍ったまま調理**
ゆでたものをあえ物に使うときは、前日に冷蔵室に移して自然解凍。汁物や炒め物に使うときは凍ったまま入れる。

## 常温保存

保存期間 1週間

### 冷暗所で常温保存

**丸ごと**
**新聞紙に包む**
ピーマンやパプリカは常温保存に向いている野菜。1つずつ新聞紙に包んで冷暗所に。

## 干す

保存期間 1カ月

### 煮物や炒め物にいろいろ使える

**切り口を上に**
半分に切り、種とワタを取って切り口を上にしてザルに並べ、2日ほど干す。

実・茎野菜

| 旬 | 栄養成分 | 保存期間 |
|---|---|---|
| 秋～春<br>（11～3月）<br>1 2 3 4 5 6 7 8 9 10 11 12 | β-カロテンはもちろん、ビタミンCが豊富で栄養価が高い。風邪予防、免疫力のアップに効果的。 | 冷蔵室で<br>2週間 |

冷蔵 ○ 　冷凍 ○（ゆでたもの）　常温 ✕　漬ける ✕　干す ○

# ブロッコリー
## 3重カバーを覚えて長もちさせる

〈選び方〉
- 中央部が盛り上がっている
- つぼみの色が濃く、かたく締まっている
- 株の切り口がみずみずしい

**コラム　茎まで丸ごと食べて健康促進**

ブロッコリーは抗がん物質を豊富に含むので近年注目を集めている。ビタミンCはレモンの2倍もあり栄養価が高い。加熱するときは、ビタミンCを流出させないためさっとゆで、水にはさらさないこと。

**安心ポイント　小房に分けて洗い、ゆでる**

① 茎やつぼみ部分に農薬が残っていることが多いので、小房に分けて塩水の中につけ、ふり洗いします。
② 軽くゆでるとより安心して食べられます。

## PART 2 野菜・果物の保存テク

## 冷蔵保存

**保存期間 2週間**

### 3重にカバーをすればより長もち

**STEP 1 つぼみを包む**
ペーパータオルで、ブロッコリーのつぼみ部分を覆うようにしっかり包む。（丸ごと）

**STEP 2 ラップで覆う**
ペーパータオルの上からさらにラップで覆う。こうすることで、エチレンガスを抑えられる。

**STEP 3 ポリ袋をかぶせる**
ポリ袋をかぶせて軽く口をしばり、軸を下にして立たせて冷蔵室で保存。

---

## 冷凍保存

**保存期間 1カ月**

### 小房に分け、ゆでてから冷凍

**STEP 1 小房に分けてゆでる**（ゆでて）
小房に分けて、さっと塩ゆでする。茎は皮をむいて縦2～3等分に切り、さっと塩ゆでを。

**STEP 2 冷凍用保存袋へ**
冷めたら水けを拭き取り、小房が重ならないように冷凍用保存袋に入れ、空気をぬいて冷凍。

**» おいしい解凍法**

**自然解凍・凍ったまま調理**
サラダなら前日に冷蔵室に移して自然解凍、炒め物や煮込み料理などの加熱調理なら凍ったまま使えます。

---

## 干す

**保存期間 1カ月**

### 干す前によく洗う

**STEP 1 よく洗い、水けを拭く**
小房に分けてよく洗い、水けをしっかりと拭き取る。かたゆでしてから干しても。

**STEP 2 小房に分けて干す**
ザルに広げ、3日ほど干す。黄色っぽくなってきたら取り込む。

**memo**

**干しブロッコリーの使い方**
干したものは水に30分ほど浸して戻し、水けをよく絞ってあえ物、炒め物、煮物などに利用を。

根菜

| 旬 | 栄養成分 | 保存期間 |
|---|---|---|
| 春（3〜5月） 冬（11〜1月） | かぶの葉にはβ-カロテンやカルシウムが豊富で栄養満点。根にはビタミンCが豊富。 | 冷蔵室で **1週間** |

| 冷蔵 ○ | 冷凍 ○ | 常温 ○（1〜2日） | 漬ける ○ | 干す ○ |

# かぶ

買ってきたら葉を切り落とすのがコツ

〈選び方〉
- 茎はまっすぐで色ムラがない
- 根は白くツヤがあり、傷がない
- 卵より少し大きいぐらいの大きさ

---

**コラム　栄養素が豊富な葉は捨てないで**

葉にはカルシウム、β-カロテン、ビタミンCが豊富に含まれているので、油炒めなどに。根の部分は胃腸の働きを助ける役割があり、食べるときは生食がおすすめ。大根のようにおろしても◎。

**安心ポイント　よく洗って、皮をむく**

① 流水でスポンジなどを使って表面をよくこすり洗いをします。皮をむけば、より安心。
② 茎の根元には泥などがたまっているので、茎を広げて竹串などを使い、よく洗います。

## 冷蔵保存

**保存期間 1週間(根) 2〜3日(葉)**

### 葉と根は切り離して保存

**STEP 1** 丸ごと
**葉を切り落とす**
葉がついていると根の水分が奪われ、スカスカになるため、茎を3cmほど残して切る。

**STEP 2**
**新聞紙に包む**
根の部分は新聞紙に包んでポリ袋に入れ、冷蔵室へ。カットしたものはラップで包む。

**STEP 3**
**葉はすぐゆでる**
葉は傷みやすいのですぐに塩ゆでしてラップに包んで冷蔵。冷凍なら1カ月。

---

## 冷凍保存

**保存期間 1カ月**

### ゆでるか塩もみをして冷凍を

**ゆでて**
**くし形に切ってゆでる**
くし形に切り、かために塩ゆでを。ラップに包んで急冷後、冷凍用保存袋に入れて冷凍。

**塩もみ**
**薄切りにして塩もみ**
いちょう切りなど、薄めに切って塩もみを。水けを絞り、冷凍用保存袋に入れて冷凍。

**» おいしい解凍法**

**凍ったまま調理・自然解凍**

ゆでたかぶは凍ったまま煮汁に入れて煮物に。塩もみしたかぶは前日に冷蔵室に移して自然解凍し、あえ物やサラダに。

---

## 干す

**保存期間 1カ月**

### 味がよくしみ込むので、煮物やスープに

**輪切りにして干す**
6mm幅ぐらいの輪切りにしてザルに並べ、3日ほど干す。半月切りやいちょう切りでも。

**memo**

**かぶの葉も干す?**
根元から切り落とした葉はそのままか1本ずつにばらす、または細かく刻み、根と同様に干します。

**かぶと昆布の相性は◎**
かぶと昆布は相性がよいので、千枚漬けや浅漬けなどのように一緒に漬けると旨みがアップします。

根菜

| 旬 | 栄養成分 | 保存期間 |
|---|---|---|
| **秋〜冬**<br>（11〜1月）<br>1 2 3 4 5 6 7 8 9 10 11 12 | イヌリン、セルロース、リグニンなどの食物繊維が豊富で便秘解消、整腸作用がある。 | 泥つきなら冷暗所で<br>**1カ月** |

| 冷蔵 ○ | 冷凍 ○<br>（ゆでたもの） | 常温 ○ | 漬ける ○ | 干す ○ |

# ごぼう

乾燥と湿気を嫌うので保存にひと工夫

〈選び方〉
- 洗いごぼうより泥つきを
- 太すぎず、太さが均一なもの
- **NG!** ひげ根が多くひび割れはNG

### コラム 皮ごと食べて体の中から若返り

ごぼうの皮には抗酸化作用のあるポリフェノールやサポニンなどが多く含まれるので、むかずにたわしや包丁の背でこそぎ落とす程度に。皮ごと薄く削って干し、から煎りして美容健康茶を作っても。

### 安心ポイント 酢水につける

① 泥に含まれる農薬を取り除くには、流水でたわしなどを使って表面をこすり洗いします。
② 残った農薬やアクを取るために、酢水につけてから使いましょう。変色も防げます。

PART 2 | 野菜・果物の保存テク

## 冷蔵保存

**保存期間: 2カ月（泥つき）／1週間（洗い）**

### 乾燥が苦手なので、密閉するのはNG

**丸ごと**
**洗いごぼうはポリ袋**
洗いごぼうは冷蔵室に入る長さに切り、ポリ袋に入れるかラップで包んで立てて保存。

**丸ごと**
**泥つきは新聞紙**
泥つきは冷蔵室に入る長さに切り、新聞紙で包んだらポリ袋に入れて立てて保存。

**memo**

きんぴらにして保存すれば長もち

きんぴらを作って冷凍すれば、副菜やお弁当に使えて便利。甘辛いので1カ月ほど保存可能。

---

## 冷凍保存

**保存期間: 1カ月**

### 薄く細く切り、ゆでて冷凍

**STEP 1 ゆでて**
**ささがきでゆでる**
せん切りやささがきにして、油を数滴落とした熱湯で1分ぐらいゆで、ザルにあげる。

**STEP 2**
**冷凍用保存袋へ**
粗熱を取ったら、冷凍用保存袋に入れて急冷を。小分けにしてラップで包んで冷凍でも。

**》おいしい解凍法**

**自然解凍・電子レンジ解凍**

あえ物やサラダに使うときは、前日に冷蔵室に移し自然解凍、または電子レンジ解凍。加熱調理には凍ったまま調理が◎。

---

## 常温保存

**保存期間: 1カ月**

### 室内の冷暗所に保存

**新聞紙に包む**
泥つきの場合は、新聞紙に包んで冷暗所に立てて保存。土に埋めればより長くもつ。

## 干す

**保存期間: 1カ月**

### 煮物や汁物に入れて旨みアップ

**薄めに切る**
洗って水けを拭き取り、斜め薄切りやささがきなどにして、3日ほど干す。

根菜

| 旬 | 栄養成分 | 保存期間 |
|---|---|---|
| **秋〜春**<br>（11〜3月）<br>1 2 3 4 5 6 7 8 9 10 11 12 | 葉にはβ-カロテンとカルシウムが豊富。根にはイソチオシアネートが含まれがん予防＆殺菌効果も。 | 冷蔵室で<br>**2週間** |

| 冷蔵 ○ | 冷凍 ○ | 常温 ○<br>（3日ほど） | 漬ける ○ | 干す ○ |

# 大根

〈選び方〉

葉は緑色が濃い

色が白くて太く、ひげ根が少ない

ずっしりと重みがあるもの

葉つきのものはすぐに切り離す

**コラム** 注目したい辛味成分

大根の注目成分は辛味成分であるアリルイソチオシアネートで、がん予防や血栓予防に効果的。生の状態で料理に添えると消化促進＆殺菌作用も期待できる。

**安心ポイント** 葉と皮を取る！

① 根を使うときは、葉のつけ根を1cmほど切り捨てます。皮をむくときはは少し厚めにむきます。
② 葉はボウルに張った水の中でふり洗いします。ざく切りにして一度熱湯に通しておくと安心。

PART 2 | 野菜・果物の保存テク

## 冷蔵保存

保存期間 2〜3日(葉) 2週間(根)

### 葉つきのものは切り離す

**丸ごと — 新聞紙で包む**
葉つきのものを買ったら、水分を葉に取られるので切り離す。丸ごとは新聞紙で包む。

**カット — 切り分けてラップ**
冷蔵室に入る長さに切り分け、ラップでぴっちり包んで立てて保存。

**塩もみ — 葉は加熱か塩もみ**
葉はすぐに加熱するか、塩もみ。小分けにしてラップで包む。冷凍なら1カ月。

## 冷凍保存

保存期間 1カ月

### ゆでて、すりおろして冷凍

**ゆでて — かためにゆでて冷凍**
薄めのいちょう切りにしてかためにゆで、冷凍用保存袋に入れて急冷する。

**生で — すりおろして冷凍**
大根おろしにして軽く水けをきり、冷凍用保存袋に入れて平らにして急冷する。

》 おいしい解凍法

**自然解凍・電子レンジ解凍**
大根おろしは前日に冷蔵室に移して自然解凍を。ゆでた大根は凍ったまま汁物や煮物に使えます。急ぐときは電子レンジで。

## 干す

保存期間 1カ月

### 根も皮も葉も干して活用して

**切って干す**
拍子木切り、せん切りなど料理に合わせて切り、ザルに広げて2日ほど干す。

**葉や皮も干して**
葉や皮はザルに並べて2日ほど干す。刻んでから干せば、きんぴらやふりかけに。

**memo**

**切り干し大根は栄養満点**

大根を切って干すと、水分がぬけて栄養＆旨みが増します。カルシウム、鉄分、その他の栄養素も大幅アップ。

根菜

| 旬 | 栄養成分 | 保存期間 |
|---|---|---|
| **秋**<br>(9〜11月)<br>1 2 3 4 5 6 7 8 9 10 11 12 | β-カロテンの含有量は野菜の中ではトップクラス。免疫力をアップさせ、がん予防に。 | 冷蔵室で<br>**2〜3週間** |

| 冷蔵 ○ | 冷凍 ○ | 常温 ○ | 漬ける ○ | 干す ○ |

# にんじん

水けをよく拭き取ってから保存する

〈選び方〉
- 葉のつけ根の切り口が小さい
- 表面がなめらかでツヤがある
- ひげ根が少ないもの

**コラム** 油で炒めてさらに栄養アップ

β-カロテンの吸収率をアップさせるには、生食よりも煮物、煮物よりも油を使った調理が有効的。また、ビタミンCの流出を防ぐ電子レンジ調理がおすすめ。生で食べるときはレモンやお酢をかけて。

**安心ポイント** 丁寧によく洗う

① 流水でスポンジなどを使って表面を丁寧にこすり洗いします。
② カロテンなどの栄養素は皮のすぐ下にあるので、皮は薄く削るぐらいでいいでしょう。

## 冷蔵保存

保存期間 **2〜3週間**

### 濡らさないように保存すると長もち

**STEP 1** 丸ごと 
**水けを拭き取る**
ポリ袋入りは濡れている場合があるので、水けを拭き取る。葉つきのものは切り落とす。

**STEP 2** 
**新聞紙で1本ずつ包む**
水けが苦手なので、新聞紙で1本ずつ包む。

**STEP 3** 
**立てて保存**
包んだらポリ袋に入れ、口を軽く閉じて冷蔵室に立てて保存する。

---

## 冷凍保存

保存期間 **2カ月**

### 生のまま、またはかためにゆでてから冷凍保存を

**生で** 
**切って生のまま**
薄めのいちょう切りやせん切りにして、ラップに平らに包み、冷凍用保存袋に入れて冷凍。

**ゆでて** 
**かたゆでして冷凍**
かためにゆでてザルにあげ、粗熱を取ってから冷凍用保存袋に入れて冷凍。

**» おいしい解凍法**

**自然解凍・電子レンジ解凍**
ゆでたにんじんは、前日に冷蔵室に移して自然解凍するか、電子レンジ解凍が◎。生のものは凍ったまま汁物や炒め物に。

---

## 常温保存

保存期間 **1週間**

### 湿気を嫌うので冷暗所で保存

丸ごと 
**新聞紙で包む**
新聞紙に1本ずつ包んで冷暗所に立てて保存。また、土に浅く埋めるとより長もち。

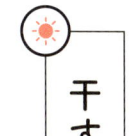

## 干す

保存期間 **1カ月**

### 漬物や煮物のほか、炊き込みご飯の具に

**並べて干す**
輪切り、せん切り、乱切りなど料理に合わせて切り、ザルに並べて2日ほど干す。

根菜

| 旬 | 栄養成分 | 保存期間 |
|---|---|---|
| 秋〜春<br>(11〜3月)<br>1 2 3 4 5 6 7 8 9 10 11 12 | 加熱に強いビタミンCが豊富でレモンに匹敵。食物繊維の一種、ムチン様の粘質多糖類を含む。 | 冷蔵室で<br>1週間 |

冷蔵 ○　冷凍 ○　常温 ○　漬ける ○　干す ○

# れんこん

乾燥と低温障害に気をつけて

〈選び方〉

切り口や穴が変色していない

皮は薄茶色でみずみずしい

ふっくらと丸みがあって肉厚

### コラム　様々な栄養素が健康をサポート

ムチン様の粘質物を含み、切り口から糸を引く。切り口が変色する原因となっているタンニンはポリフェノール成分で抗酸化作用も。主成分がでんぷんなので糖質ダイエット中の人は注意。

### 安心ポイント　よく洗って、酢水につける

① 流水でスポンジなどを使って表面についた泥をよく洗い落とします。
② 皮をむき、酢水につければ、茶色く変色するのを防げます。

PART 2　野菜・果物の保存テク

## 冷蔵保存

**保存期間　1週間（丸ごと）／4〜5日（カット）**

### 乾燥させないために新聞紙＋ポリ袋で冷蔵室へ

**STEP 1　丸ごと**

**新聞紙で包む**
乾燥と低温障害を防ぐために新聞紙で包む。

**STEP 2**

**ポリ袋に入れる**
ポリ袋に入れて袋の口を軽く閉じ、冷蔵室で立てて保存。

**カット**

**塩水につける**
切ったものは、塩水につけて水けを拭き、切り口にラップをかけて包み、ポリ袋に入れる。

---

## 冷凍保存

**保存期間　1カ月**

### さっとゆでて冷凍用保存袋に入れて冷凍

**STEP 1　ゆでて**

**軽くゆでる**
皮をむき、輪切りや半月切り、乱切りなどにして軽くゆで、ザルにあげて冷ます。

**STEP 2**

**冷凍用保存袋へ**
冷凍用保存袋に入れて冷凍。きんぴらや煮物にして冷凍するのもおすすめ。

**》おいしい解凍法**

**凍ったまま調理・自然解凍**

炒める、煮るなどの加熱調理をするときは凍ったまま調理を。サラダなどのときは、前日に冷蔵室に移して自然解凍を。

---

## 常温保存

**保存期間　2〜3日**

### 室内の冷暗所に置く

**丸ごと**

**新聞紙で包む**
新聞紙で包んで室内の風通しのよい冷暗所に立てて保存。

---

## 干す

**保存期間　1カ月**

### 黒っぽくなっても食べられる

**薄い輪切りにして干す**
洗って水けを拭き取り、薄い輪切りなどにしてザルに並べ、2日ほど干す。皮つきでもOK。

いも・きのこ・その他

| 旬 | 栄養成分 | 保存期間 |
|---|---|---|
| **秋**<br>（9〜11月）<br>1 2 3 4 5 6 7 8 9 10 11 12 | 食物繊維はじゃがいもの2倍含まれ、便秘解消に。ビタミンCやポリフェノールで免疫力アップ。 | 冷暗所で<br>**1カ月** |

| 冷蔵 ○ | 冷凍 ○（ゆでたもの） | 常温 ○ | 漬ける ✕ | 干す ○ |
|---|---|---|---|---|

# さつまいも
## 新聞紙に包んで常温保存がベスト

〈選び方〉

皮にツヤがあり、なめらかなもの

ひげ根が少なく均等にあるもの

ふっくら丸みがあるもの

**コラム　石焼きいもが甘い秘密**

石焼きいものねっとりとした甘みは、じんわりと熱い石によって加熱され、60℃でβ-アミラーゼが働き、でんぷんから糖に変わるため。ビタミンCの残存率80％にも驚き。

**安心ポイント　よくこすり洗いをする**

① 発色剤や農薬などを使っている場合があるので、スポンジなどでよく表面をこすり洗いします。
② 流水でくぼみにある泥もキレイに落とします。

PART 2 野菜・果物の保存テク

## 冷蔵保存

保存期間 **2カ月**

### 冷気から守り野菜室へ

丸ごと

**新聞紙&ポリ袋で**
1本ずつ新聞紙で包み、ポリ袋に入れて軽く口を閉じ、野菜室へ。

## 常温保存

保存期間 **1カ月**

### 冷暗所に保存が基本

丸ごと

**新聞紙に包む**
さつまいもは新聞紙に1本ずつ包み、冷暗所に保存。ダンボールに入れて保存もOK。

## 冷凍保存

保存期間 **1カ月**

### ゆでて潰してから冷凍保存を

STEP 1 ゆでて

**マッシュする**
さつまいもの皮をむいて熱湯でゆで、マッシャーで潰して冷ます。

STEP 2

**保存袋に入れる**
冷凍用保存袋に入れ、平たくして冷凍。小分けにしてもOK。甘煮を作って冷凍しても。

》 **おいしい解凍法**

**自然解凍・電子レンジ解凍**

マッシュして冷凍したものは、前日に冷蔵室に移して自然解凍か電子レンジ解凍で。再度加熱するとホクホクに。

## 干す

保存期間 **3カ月**

### 蒸してから干す

**薄く切る**
さつまいもは蒸してから皮をむき、縦に薄く切って1週間ほど干す。

**memo**

### さつまいもがたくさんあるときは

さつまいもをたくさんもらったときなどは、段ボールに新聞紙を敷いてさつまいもを並べ、上に新聞紙をのせて冷暗所で保存を。常温で20℃を超えると発芽してしまうので、最初は常温保存、暖かくなったら途中から野菜室で保存するとよいでしょう。

いも・きのこ・その他

| 旬 | 栄養成分 | 保存期間 |
|---|---|---|
| **秋～冬**（9～12月）<br>1 2 3 4 5 6 7 8 9 10 11 12 | 塩分を排出するカリウムが多く高血圧を抑制。また、ぬめり成分は潰瘍予防や脳細胞の活性化に。 | 冷暗所で**1カ月** |

| 冷蔵 ○ | 冷凍 ○ | 常温 ○ | 漬ける ✕ | 干す ○ |

# 里いも
## 乾燥させないことが長もちの秘訣

〈選び方〉
- 泥つきで湿り気がある
- はっきりした縞模様が等間隔
- **NG!** 皮に傷やひび割れがあるものはNG

## コラム　里いも特有のぬめりの正体は？

独特のぬめりはガラクタンという成分で炭水化物とたんぱく質が結合した物質。ガラクタンは脳細胞を活性化し、がん細胞の増殖を抑制。また、ぬめりにはムチンも含まれているので便秘解消効果も。

## 安心ポイント　よく洗う

① 土に農薬などが残っていることがあるので、流水でよく洗って泥を落とします。
② 皮むきで売られているものは塩をふって揉み込み、しばらく水につけてからよく洗います。

## PART 2 | 野菜・果物の保存テク

### 常温保存
**保存期間 1カ月**

#### 段ボールに入れて冷暗所に置く

**STEP 1 丸ごと 新聞紙に並べて保存**
段ボールに新聞紙を敷き、泥つきの里いもを並べる。

**STEP 2 新聞紙をのせる**
湿気を取り除いて乾燥を防ぐために、新聞紙を上にのせて冷暗所で保存。蓋は閉じない。

**memo　土に埋める**
土に埋めて保存しておくと、冷暗所に置いておくよりも長もちします。低温が苦手なため、冷蔵するなら野菜室で2カ月保存。

---

### 冷凍保存
**保存期間 1カ月**

#### 生のまま切って冷凍が便利

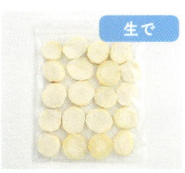

**生で　生のまま切って冷凍**
皮をむいて輪切りにし、生のまま冷凍用保存袋に入れて冷凍室へ。

**ゆでて　かためにゆでる**
かためにゆでて冷まし、冷凍用保存袋に入れて密封。大きなものはひと口大に切る。

**» おいしい解凍法**
**自然解凍・電子レンジ解凍**
煮物などに使うときは、解凍せずに凍ったまま煮汁に加えて加熱。急ぐときは電子レンジ解凍で。

---

### 干す
**保存期間 1カ月**

#### そのまま煮物や汁物に

**STEP 1 輪切りにする**
皮をむいて輪切りにし、水にさらして水けをしっかり拭き取る。

**STEP 2 ザルに並べて干す**
ザルに重ならないように並べ、3日ほど干す。いちょう切りや角切りでもOK。

**memo　みそ汁や煮物に**
下ごしらえが大変な里いもは、干しておくと、そのまま煮汁に入れて加熱するだけだから便利。

いも・きのこ・その他

# じゃがいも

## 芽の出る時期にはりんごと一緒に常温保存

| 旬 | 栄養成分 | 保存期間 |
|---|---|---|
| 春〜夏 秋<br>（4〜6月）（9〜11月）<br>1 2 3 4 5 6 7 8 9 10 11 12 | 熱に強いビタミンCが豊富なので、美肌や風邪予防に。カリウムも多く含まれ高血圧予防にも。 | 冷暗所で<br>**3カ月** |

冷蔵 ○　冷凍 ○（ゆでたもの）　常温 ○　漬ける ✕　干す ○

〈選び方〉 
- 表面が乾いていてかたい 
- 重量感があるもの 
- **NG!** 芽が出ている、緑色のものはNG

### コラム　生活習慣病予防の強い味方

ビタミン、ミネラル、食物繊維と栄養素が多く、消化促進、免疫力向上に効果的。粉質と粘質の品種があり、種類も多いので調理法で工夫して。芽や緑色の皮はソラニンという毒素なので注意。

### 安心ポイント　芽と緑色の部分を取る

① スポンジなどで1つずつよく洗います。芽はしっかり取り、緑色になった部分は厚めにむきましょう。
② 皮をむいたら、変色を防ぐために水につけておきます。

## 冷蔵保存

**保存期間 6カ月**

### 新聞紙で包み、冷やしすぎに気をつける

丸ごと

**新聞紙&ポリ袋で**
新聞紙で包みポリ袋に入れて軽く口を閉め、野菜室で保存すると、冷やしすぎを防げる。

## 常温保存

**保存期間 3カ月**

### 冷暗所でりんごと一緒に保存

丸ごと

**りんごと一緒に保存**
新聞紙や紙袋にりんごと一緒に入れ、冷暗所で保存。エチレンガスで発芽を防ぐ。

## 冷凍保存

**保存期間 1カ月**

### ゆでて潰してから冷凍

**STEP 1** ゆでて
**マッシュポテトを作る**
皮をむいてひと口サイズに切って熱湯で15分ほどゆで、潰してマッシュポテトを作る。

**STEP 2**
**平たく包む**
小分けにして、平たくラップで包んで金属トレイにのせて急速冷凍。冷凍用保存袋に入れる。

» **おいしい解凍法**

**自然解凍・電子レンジ解凍**

マッシュポテトは前日に冷蔵室に移して自然解凍。電子レンジ加熱するとホクホクに。ポテトサラダやポタージュに。

## 干す

**保存期間 1カ月**

### 加熱して干す

**STEP 1**
**電子レンジで加熱**
皮をむき、1cm厚さに切って耐熱皿に並べてラップをかけ、電子レンジで3分ほど加熱。

**STEP 2**
**ザルに並べて干す**
ザルに重ならないように並べ、3日ほど干す。切り方を変えれば料理の幅も広がる。

**memo**

**干しじゃがいもの使い方**

水で戻して水けをよく拭き取り、オイルをかけてトースターで焼いたり、素揚げにするとおいしい。煮物も◎。

いも・きのこ・その他

| 旬 | 栄養成分 | 保存期間 |
|---|---|---|
| 春（3～4月）　秋～冬（11～12月）<br>1 2 3 4 5 6 7 8 9 10 11 12 | でんぷん分解酵素のアミラーゼが豊富なので、消化が早められ、胃腸を守る効果は抜群。 | 冷蔵室で<br>**2カ月** |

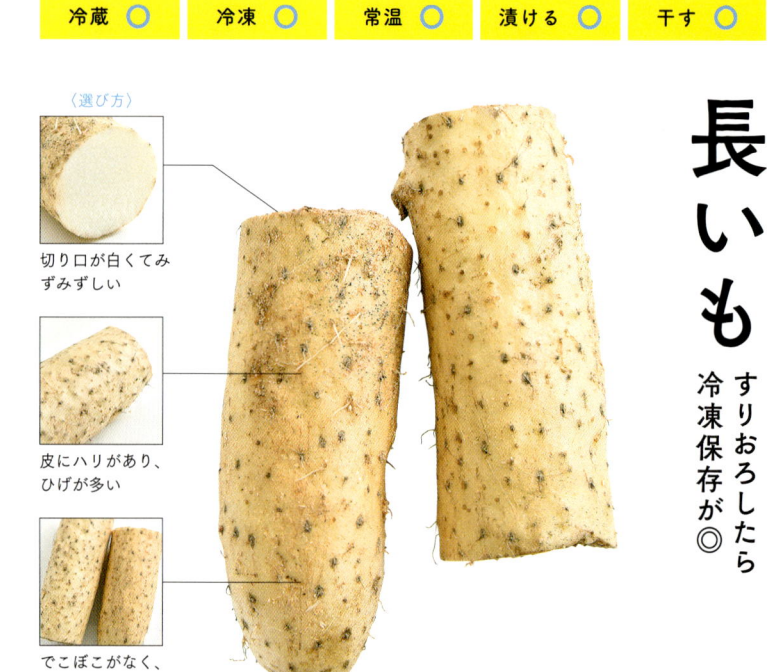

冷蔵 ○　　冷凍 ○　　常温 ○　　漬ける ○　　干す ○

〈選び方〉

- 切り口が白くてみずみずしい
- 皮にハリがあり、ひげが多い
- でこぼこがなく、太さが均一

# 長いも

すりおろしたら冷凍保存が◎

### コラム　加熱調理には不向き

棒のように長くサクッとした歯触りが特徴の長いも。でんぷん分解酵素アミラーゼは熱に弱いので、加熱調理せずにすりおろしたり、短冊切りにして生で食べる方が効果的。

### 安心ポイント　皮は厚めにむく！

① たわしやスポンジで泥や土をしっかり落とし、ひげ根を取ります。
② 農薬が気になるときは、皮は厚めにむきます。

PART 2 | 野菜・果物の保存テク

## 冷蔵保存

ペーパータオルで包んでポリ袋に入れて冷蔵室へ

保存期間 2カ月

**丸ごと**

**紙タオル&ポリ袋で**
ペーパータオルで包み、ポリ袋に入れて、冷蔵室で保存。カットしたらラップをする。

## 常温保存

冷暗所で保存

保存期間 2週間

**丸ごと**

**新聞紙に並べて**
段ボールに新聞紙を敷いて、長いもを並べ、さらに新聞紙をかけて冷暗所で保存。

---

## 冷凍保存

すりおろしたり、小さくカットして冷凍

保存期間 1カ月

**生で**

**おろして冷凍**
すりおろしたものを冷凍用保存袋に入れ、平らにして冷凍。自然解凍ですぐ食べられる。

**生で**

**細切りにして冷凍**
細切りにして酢水にさらし、水けをきって冷凍用保存袋に入れて冷凍。小分けにしてもOK。

**》おいしい解凍法**

**自然解凍が一番おいしい**

すりおろしたものは、冷蔵室に移して自然解凍。細切りにしたものも同様に。あえ物や汁物に。

---

## 干す

酢水につけてから干す

保存期間 1カ月

**STEP 1**

**酢水につける**
皮をむいて輪切りやいちょう切りなど、使い方に合わせて切り、酢水につける。

**STEP 2**

**ザルに並べる**
ペーパータオルで水けをよく拭き取ってザルに並べ、3日ほど干す。煮物や汁物に。

**memo**

**漬物にして保存**

長いもは皮をむき、拍子木切りなどにし、酢じょうゆや梅酢、めんつゆなどで漬ける。2週間ほど保存可能。

いも・きのこ・その他

| 旬 | 栄養成分 | 保存期間 |
|---|---|---|
| 春　秋<br>（3〜5月）（9〜11月）<br>1 2 3 4 5 6 7 8 9 10 11 12 | カルシウムの吸収を助けるビタミンDが豊富。抗がん作用のあるレンチナンを含む。 | 冷蔵室で<br>1週間 |

| 冷蔵 ○ | 冷凍 ○ | 常温 ○<br>（1〜2日） | 漬ける ○ | 干す ○ |

## しいたけ
### 天日干しでビタミンDが10倍に

〈選び方〉

軸の部分が太く、肉厚

カサが開いてなく、裏に白い膜

カサの表が茶褐色

## きのこ
### 干すことで旨みと風味がアップ

---

**コラム** かさまし食材の代表格

きのこは約90％が水分。低カロリーなのでダイエットに適した食材。また、がん抑制効果や生活習慣病予防にも。調理するときは、料理が水っぽくならないよう強火で加熱すること。

**安心ポイント** 心配なら水洗いを！

① きのこは基本的に無農薬なことがほとんど。根元を切り落とすだけでよいでしょう。汚れはペーパータオルなどで軽く拭き取ります。
② 基本は洗いませんが、心配なときはさっと水洗いをします。

PART 2 | 野菜・果物の保存テク

| 旬 | 栄養成分 | 保存期間 | | |
|---|---|---|---|---|
| 冬<br>（12〜1月） | ビタミンB群、食物繊維が豊富で動脈硬化予防などに効果的。 | 冷蔵室で<br>**1週間** | 冷蔵 ○ | 冷凍 ○ |
| | | | 常温 ○<br>（1〜2日） | 漬ける<br>干す |

## えのきだけ
袋の中に湿気が
たまらないように

〈選び方〉

色白でハリがあり、
カサが小さめ

ピンとして、背丈
が揃っている

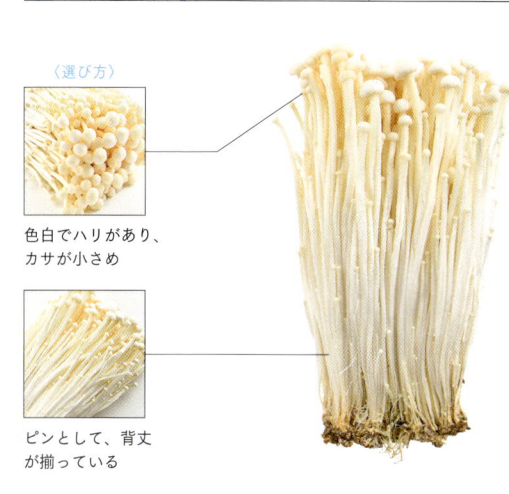

**memo**

**冷凍は
炒めてからが◎**

生でもゆでてから
でも冷凍可能。炒
めて冷凍すると生
で冷凍するよりも
長もちします。

| 旬 | 栄養成分 | 保存期間 | | |
|---|---|---|---|---|
| 秋<br>（10月） | えのきだけと同じくビタミンB群、食物繊維が豊富。美白効果も。 | 冷蔵室で<br>**1週間** | 冷蔵 ○ | 冷凍 ○ |
| | | | 常温 ○<br>（1〜2日） | 漬ける ○<br>干す ○ |

**memo**

**カビでは
ありません！**

カサに白いカビの
ようなものがつい
ていることも。こ
れは気中菌糸とい
ってきのこの一部
なので安心して。

〈選び方〉

カサが密集してお
り、重みがある

軸は白くて太く、
短め

## しめじ
カサが密集して
ずっしり重みのあるものを

いも・きのこ・その他

| 旬 | 栄養成分 | 保存期間 | 冷蔵 ◯ | 冷凍 ◯ |
|---|---|---|---|---|
| 通年 | 食物繊維、カリウムなどが豊富。肝機能低下の予防に効果的。 | 冷蔵室で**1週間** | 常温（1〜2日） | 漬ける ◯ |
| 1 2 3 4 5 6 7 8 9 10 11 12 | | | | 干す |

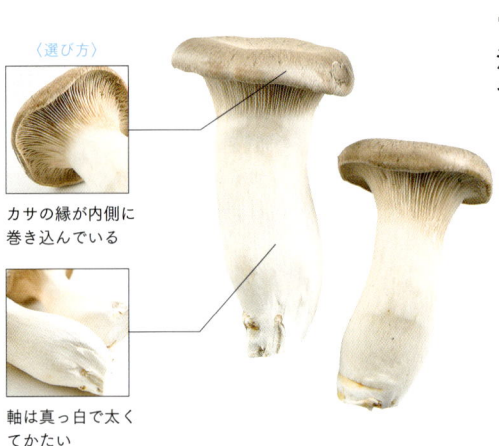

# エリンギ

### 洗うと味が落ちるのでそのまま調理

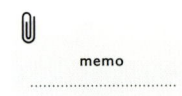

〈選び方〉

カサの縁が内側に巻き込んでいる

軸は真っ白で太くてかたい

📎 memo

**汚れは洗い流さないこと**

表面の汚れはペーパータオルで軽く拭いて。古めのものは根元をそいで使うのがベター。

| 旬 | 栄養成分 | 保存期間 | 冷蔵 ◯ | 冷凍 ◯ |
|---|---|---|---|---|
| 秋（9〜10月） | ビタミンB群の含有量が多く、代謝促進、がん抑制などに効果的。 | 冷蔵室で**1週間** | 常温（1〜2日） | 漬ける ◯ |
| 1 2 3 4 5 6 7 8 9 10 11 12 | | | | 干す ◯ |

# まいたけ

〈選び方〉

肉厚で茶色が濃く、カサが密集

### 身を割らないよう丁寧に保存

軸の断面が真っ白い

📎 memo　**ポイントは水分を取り除く**

まいたけは余分な水分を吸ってしまうので水には浸さないように。ペーパータオルに包んでポリ袋に入れて保存がおすすめ。

PART 2 | 野菜・果物の保存テク

| 旬 | 栄養成分 | 保存期間 | | |
|---|---|---|---|---|
| 秋〜冬<br>(10〜12月)<br>1 2 3 4 5 6 7 8 9 10 11 12 | ビタミンB₂やカリウムが豊富。代謝を促進、動脈硬化予防。 | 冷蔵室で<br>**1週間** | 冷蔵 ◯<br>常温 ◯<br>(1〜2日)<br>干す ◯ | 冷凍 ◯<br>漬ける ◯ |

# マッシュルーム

カサの表に傷がなく、
裏は茶色くないものを

〈選び方〉

カサに傷がなくスベスベしている

カサの裏側が白く変色していない

📎 memo　カサの黒ずみは気にせずに

マッシュルームの特性で、日が経つにつれカサの裏が黒ずむことも。傷んでいるわけではないですが、加熱処理を。

| 旬 | 栄養成分 | 保存期間 | | |
|---|---|---|---|---|
| 秋<br>(10〜11月)<br>1 2 3 4 5 6 7 8 9 10 11 12 | ヌルヌル成分のムチンが豊富。疲労回復や消化促進に効果的。 | 冷蔵室で<br>**1週間** | 冷蔵 ◯<br>常温 ✕<br>干す ✕ | 冷凍 ◯<br>漬ける ✕ |

〈選び方〉

袋自体が膨らんでいないもの

ぬめりの部分に濁りがない

# なめこ

日もちがしないのでなるべく食べきる

📎 memo　古いものは水洗いを

なめこは古くなるとぬめりに雑菌が繁殖し、酸味が出ます。使用時はなめこをさっと洗い、ぬめりを落とすこと。

いも・きのこ・その他

## しいたけ　ひだを上に向けて保存が最大のコツ

**冷蔵保存**

保存期間　1週間

**STEP 1** 丸ごと
**紙タオルで包む**
水けに弱いので1つずつペーパータオルで包む。

**STEP 2**
**ひだを上に向ける**
ひだを上にしてポリ袋に入れ、口を軽く閉じて冷蔵室に入れる。

**memo**
**ひだが下だと？**
ひだを下に向けると、胞子が落ちてカサが黒ずみます。冷凍するときも干すときも気をつけましょう。

---

## えのきだけ　水分をよく拭き取るのが長もちの秘訣

**冷蔵保存**

保存期間　1週間

丸ごと
**袋のまま**
買ってきたら、袋のまま冷蔵室に立てて保存。立てた状態の方が長もちする。

**STEP 1** 丸ごと
**水分を拭き取る**
使いかけのものや結露が出ているものは、ペーパータオルで全体の水分をよく拭き取る。

**STEP 2**
**紙タオル&ポリ袋**
ペーパータオルで包み、ポリ袋に入れて口を軽く閉じ、冷蔵室に立てて保存。

---

## しめじ　湿気がたまらないように通気をよくして

**冷蔵保存**

保存期間　1週間

丸ごと
**水分を拭き取る**
表面の水分を拭き取り、密閉容器やポリ袋に移す。石づきは調理するまで取らない。

丸ごと
**1カ所あける**
パックのまま保存するときは、1カ所あけるのがポイント。湿気がたまらないように。

**memo**
**塩きのこ**
お好みのきのこを合わせさっとゆでてザルにあげ、塩と混ぜて保存容器に入れる。冷蔵室で4〜5日もつ。

110

## エリンギ・まいたけ

**冷蔵保存**
保存期間 1週間

**丸ごと**

**穴をあける**
通気性をよくするために穴をあける。使いかけはペーパータオルに包んでポリ袋に入れる。

## なめこ

**冷蔵保存**
保存期間 1週間

**丸ごと**

**袋のまま冷蔵**
なめこは袋のまま保存。未開封なら1週間は日もちする。開けたらその日中に食べきって。

## マッシュルーム　変色防止や殺菌効果のあるレモン汁を利用

**冷蔵保存**
保存期間 1週間

**丸ごと**

**STEP 1　切り口にレモン汁**
水けを拭き取り、軸の切り口やカサにレモン汁をつける。変色防止や殺菌の効果で長もち。

**STEP 2　紙タオル&ポリ袋**
1つずつペーパータオルで包み、ポリ袋に入れて口を軽く閉じ、冷蔵室に入れて保存。

### memo

**洗わずに冷蔵保存**

水洗いすることで菌糸のすき間に水分が入り風味や食感が損なわれてしまうので、基本、無洗でOK。

## 干す　栄養、旨味成分がギュッと詰まっておいしい

保存期間 1カ月

**切ってから干す**
切る、または小房に分けてザルに並べる。途中上下を返しながら3日ほど干す。

### memo

**干してビタミンDが増す**

ビタミンDが豊富なきのこ類。太陽の光によってビタミンDが増え、栄養も香りもアップし、おいしいだしが出ます。しいたけは丸ごと、えのき・しめじ・まいたけは小房に分けて、エリンギ・マッシュルームは縦半分に切ってから干して。ドライ、セミドライなど干す時間を変えてみて味を比べるのも◎。

いも・きのこ・その他

## 冷凍保存

### しいたけ
保存期間 1カ月

**ゆでて**

**丸ごと冷凍**
石づきを切り落としてさっとゆで、冷凍用保存袋に入れて冷凍。

### えのきだけ
保存期間 1カ月

**炒めて**

**炒めてから冷凍**
炒める、ゆでるなど加熱してから冷凍すると長もち。小分けにしてラップに包み、急冷を。

### しめじ
保存期間 1カ月

**加熱して**

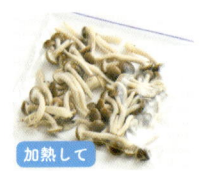

**加熱して冷凍**
根元を切り落として小房に分け、電子レンジで1分ほど加熱。冷めたら冷凍用保存袋へ。

### エリンギ・まいたけ
保存期間 1カ月

**ゆでて**

**縦薄切りにして冷凍**
調理に合わせて切り、ゆでる、炒めるなど加熱して冷まし、冷凍用保存袋に入れて冷凍。

### マッシュルーム
保存期間 1カ月

**生で**

**薄切り＋レモン汁**
薄切りにしてレモン汁をふってから急冷し、冷凍用保存袋に入れる。さっと焼いて冷凍もOK。

### なめこ
保存期間 1カ月

**生で**

**袋から出して**
袋のまま冷凍できるが、小分けにしてラップに包み、急冷を。凍ったまま汁物に入れて。

COLUMN

# 冷凍野菜を
# 凍ったまま調理に活用しよう

冷凍野菜は解凍せずにそのまま調理できます。好みの大きさに切って冷凍しておけば、使いたいときに鍋やフライパンにポンと入れるだけ。時短もできてとっても便利です。

\ そのままポン！ /

### みそ汁・スープに

冷凍ねぎや葉物野菜は、みそ汁やスープ、ラーメン、炒め物など使い方はさまざま。小口切り、みじん切り、斜め切りなど用途に合った切り方をしておくと◎。さらに冷凍ねぎは、納豆や冷や奴などのトッピングに。

\ フライパンに
入れるだけ /

### 炒め物に

炒め物にも使える冷凍野菜。きのこ類はもちろん、にんじんなどブランチング（P.38）した根菜類や白菜などの葉物野菜もそのまま使えます。切る手間を省き、時短調理もできるので、なにかひとつでも常備しておくと便利。

\ あとはコトコト
煮込むだけ /

### 煮物に

水分の多い大根だってブランチングして冷凍OK。もちろん凍ったまま調理が可能です。大根のほかにも里いもやにんじん、ごぼう、れんこんを使って冷凍野菜の筑前煮なども。ブランチング済みなので煮崩れに注意して。

いも・きのこ・その他

# にんにく

| 旬 | 栄養成分 | 保存期間 |
|---|---|---|
| 春〜夏<br>（5〜7月）<br>1 2 3 4 5 6 7 8 9 10 11 12 | 疲労回復に効果的なビタミンB群やカリウム、アリシンが豊富。血栓予防、抗菌作用などに効果。 | 冷暗所で<br>1カ月 |

| 冷蔵 ◯ | 冷凍 ◯ | 常温 ◯ | 漬ける ◯ | 干す ◯ |

〈選び方〉

外皮をつけたままの方が乾燥を防ぐ

外皮は白く乾燥し、芽が出ていない

大粒でかたく締まり重みがある

1片ずつが均等に膨らんでいる

---

**コラム　にんにくパワーを侮るなかれ**

万病の予防薬ともいわれているにんにく。その強力なニオイの元となるアリシンという成分には、抗菌、殺菌、解毒作用がありさまざまな病気から体を守る。刻むとその効果はさらにアップする。

**安心ポイント　二重に守られているので安心**

① にんにくは、外皮と薄皮を両方むくので、農薬などの心配はありません。
② 輸入ものではなく、できれば国産を選ぶとより安心です。

PART 2　野菜・果物の保存テク

## 冷蔵保存

保存期間 1〜2カ月

### ペーパータオル＆ポリ袋で

丸ごと

**ポリ袋に入れる**
丸ごとをペーパータオルに包み、ポリ袋に入れて冷蔵室で保存する。1片ずつに分けても。

## 常温保存

保存期間 1カ月

### 吊るして保存

丸ごと

**ネットに入れる**
たくさん買ったときは、ネットなどに入れて風通しのよい冷暗所で吊るして保存。

## 冷凍保存

保存期間 1カ月

### 使いやすく切って冷凍が便利

生で

**1片ずつ冷凍**
にんにくは薄皮をむき、小分けにしてラップで包み、冷凍用保存袋に入れて冷凍。

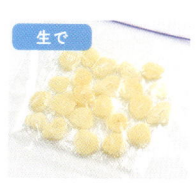

生で

**切ってから冷凍**
薄切り、みじん切り、すりおろしを小分けにしてラップで包み冷凍用保存袋に入れて冷凍。

》おいしい解凍法

**自然解凍・または凍ったまま調理**

1片のにんにくを解凍するなら、前日に冷蔵室に移して自然解凍を。切ったものは凍ったまま調理でOK。

## 漬ける

保存期間 1年

### 湿気や乾燥を防ぐオイル漬け

**オイルに漬ける**
赤唐辛子と一緒にオリーブオイルに漬ける。湿気や乾燥を防ぎ、カビの発生や酸化を阻止。

## 干す

保存期間 1〜2カ月

### しっかり芯を取る

**芯を取ってから干す**
輪切りか縦半分に切り、芯を取る。ザルに並べ、途中上下を返して2日ほど干す。

いも・きのこ・その他

| 旬 | 栄養成分 | 保存期間 |
|---|---|---|
| **夏**<br>(新しょうがは6〜8月<br>根しょうがは通年)<br>1 2 3 4 5 6 7 8 9 10 11 12 | 冷えをとり、血流を改善するジンゲロールとショウガオールを含む。殺菌、発汗作用に効果的。 | 冷暗所で<br>**2週間** |

| 冷蔵 ○ | 冷凍 ○ | 常温 ○ | 漬ける ○ | 干す ○ |

# しょうが

丸ごとはもちろん、切る、すりおろして冷凍も

〈選び方〉

全体に光沢があり、黄金色

縞模様が等間隔

丸みがあり、実が締まっている

### コラム しょうが湯でぽかぽか効果

しょうがに含まれるジンゲロール、ショウガオール、ジンゲロンには体を温め血行を促進する効果がある。風邪や消化不良には、すりおろしたしょうがにはちみつと片栗粉を加えてしょうが湯を。

### 安心ポイント よく洗う

① しょうがは、デコボコしているので、たわしなどでくぼみもなどしっかりと水洗いします。
② 薄皮をむいてから使うとより安心です。

## PART 2 野菜・果物の保存テク

### 冷蔵保存　冷気と乾燥を防ぐ

**保存期間 1〜2週間**

**丸ごと**

**紙タオルに包んで**
ペーパータオルで包み、ポリ袋に入れて口を軽く閉じ、野菜室で保存。

### 常温保存　風通しのよい冷暗所に置く

**保存期間 2週間**

**丸ごと**

**新聞紙で包む**
1つずつ新聞紙で包み、かごなどに入れて冷暗所に置く。そのまま置いてもOK。

### 冷凍保存　使いやすく切って小分け冷凍がおすすめ

**保存期間 1〜2カ月**

**生で**

**1かけずつに分ける**
丸ごと冷凍もできるが、1かけずつに切り分けてラップで包み、冷凍用保存袋に入れて冷凍。

**生で**

**おろして冷凍**
すりおろしを小分けにしてラップで包み、冷凍用保存袋に入て冷凍。薄切り、せん切りでも。

> **» おいしい解凍法**
>
> **凍ったまますりおろす**
>
> 丸ごとなら、解凍せずに凍ったまますりおろします。切って冷凍したものは、凍ったまま調理できて便利。

### 漬ける　みそやしょうゆ、甘酢で漬ける

**保存期間 1カ月**

**みそ漬けなどにする**
甘酢漬け（がり）、しょうゆ漬け、みそ漬けなどの漬物にして冷蔵室で保存。

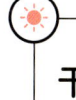

### 干す　干すことでしょうがの効果アップ

**保存期間 3カ月**

**薄切りにして干す**
薄切りにしてザルに並べ、2日ほど干す。実も皮も煮物、汁物、紅茶などに使える。

いも・きのこ・その他

| 旬 | 栄養成分 | 保存期間 |
|---|---|---|
| **冬**<br>（11〜2月）<br>1 2 3 4 5 6 7 8 9 10 11 12 | 緑の葉の部分は、β-カロテン、ビタミンC・K、カルシウムなどが豊富。スタミナ強化に。 | 泥つきなら冷暗所で<br>**1カ月** |

| 冷蔵 ○ | 冷凍 ○ | 常温 ○ | 漬ける ○ | 干す ○ |

（長ねぎ）

# ねぎ
## ポリ袋のままだと蒸れて傷みやすい

〈選び方〉

- 葉先の緑色が鮮やかなもの
- 白い部分は太さ均一でまっすぐ
- 葉先までピンとしているもの

---

**コラム** 消化液の分泌を促し、食欲アップ

特有の刺激成分である硫化アリルは、消化液の分泌を促し、食欲を増進させる。体内でビタミン$B_1$と結合し、その吸収をよくする効果がある。

**安心ポイント** 外皮を向いて洗う

① 長ねぎは出荷するときに外皮ははがしてありますが、念のため外皮をむき、流水でよく洗います。
② 薬味にするときは、刻んだあとに水に少しさらすとより安心です。

PART 2 | 野菜・果物の保存テク

## 冷蔵保存

**保存期間**
1週間（長ねぎ）
1週間（青ねぎ）

### ポリ袋から出してラップや新聞紙に包んで

**カット**

**ラップ＆立てて保存**
冷蔵室に入る長さに切り分け、ラップでぴっちり包んで立てて保存する。

**丸ごと**

**新聞紙で包む**
あさつきや万能ねぎなどの青ねぎは、新聞紙で包み冷蔵室で保存。

### memo

**ポリ袋から出して保存**

ポリ袋のままだと蒸れてしまい、腐りやすいので、袋から出してラップや新聞紙で包むと長もちする。

---

## 冷凍保存

**保存期間**
1カ月

### 使いやすく切って保存を

**生で**

**ラップに包む（長ねぎ）**
小口切り、みじん切り、斜め切りなど、使いやすい形に切り、小分けにしてラップで包む。

**生で**

**ラップに包む（青ねぎ）**
青ねぎは小口切りにし、小分けにしてラップで包む。冷凍用保存袋に入れてもOK。

### » おいしい解凍法

**凍ったまま調理**

冷凍ねぎはすぐ解凍できるので、凍ったまま炒め物や汁物に使えて◎。冷や奴のトッピングにもそのままのせて。

---

## 常温保存

**保存期間**
1カ月（泥つき長ねぎ）

### 長ねぎは泥つきのものを買うと長もち

**丸ごと**

**新聞紙で包む**
新聞紙で包み、冷暗所で保存。紙袋や空き箱に立てて保存がベスト。

## 干す

**保存期間**
1カ月

### 生よりも甘みがアップ

**切ってザルにのせる**
斜め切りや小口切りなどにしてザルにのせ、途中上下を返しながら2〜3日干す。

いも・きのこ・その他

| 旬 | 栄養成分 | 保存期間 |
|---|---|---|
| 通年<br>1 2 3 4 5 6 7 8 9 10 11 12 | 疲労回復に効果的なアスパラギン酸のほか、ビタミンCや食物繊維がバランスよく含まれている。 | 冷蔵室で<br>2〜3日 |

| 冷蔵 ◯ | 冷凍 ◯ | 常温 ✕ | 漬ける ◯ | 干す ◯ |

## もやし
### 早めに使いきるのが基本

〈選び方〉
- ひげ根が茶色く変色していない
- 色が白くて太め

**コラム　もやしっ子なんて言わせない**

見た目はひょろっとしているが、安価で栄養満点野菜。ビタミン類、食物繊維も豊富で美肌効果、整腸作用も期待できる。歯触りを残し、ビタミンCの流失を防ぐため、加熱調理はさっと手早く。

**安心ポイント　酢水につけてゆでる**

① 流水でよくこすり洗いをします。酢水に2〜3分つけ、塩を入れたたっぷりの湯でさっとゆでます。
② 炒め物に使うときも、一度ゆでてから使うと安心です。

PART 2 | 野菜・果物の保存テク

## 冷蔵保存

**さっと加熱すると少し長もち**

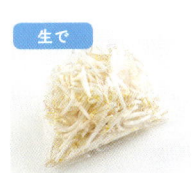

保存期間：2〜3日(生)／1週間(加熱)

**生で／ポリ袋に入れる**
一度開封したもやしはポリ袋に入れて軽く口を閉じて冷蔵室に入れ、早めに使い切る。

**加熱して／軽く加熱する**
熱湯をかける、さっと炒めるなど、軽く加熱してから冷まし、密閉容器に入れて保存。

### memo
**ゆでる、炒めるなど火を通す**

生のまま保存すると水が出やすく傷みやすいもやしも、熱湯をかける、炒めるなどすれば3日は長もち。

---

## 冷凍保存

**軽く加熱してから冷凍**

保存期間：2週間

**STEP 1／加熱して／さっと炒める**
さっと炒める、熱湯をかける、電子レンジで短時間加熱するなど、軽く加熱する。

**STEP 2／保存袋に入れる**
冷めたら冷凍用保存袋に入れて冷凍。金属トレイの上にのせて、急速冷凍すると長もち。

### ≫ おいしい解凍法
**凍ったまま調理・電子レンジ解凍**

冷凍もやしは、汁物の具などには凍ったまま加えればOK。あえ物などは電子レンジ解凍がおすすめです。

---

## 漬ける

**ナムルやキムチなどにして保存**

保存期間：1週間

**調味料に漬ける**
好みの調味料を合わせ、ナムルやキムチ、しょうゆ漬けなどにして保存性を高める。

## 干す

**一度にたくさん食べられる**

保存期間：2週間

**ひげ根を取って干す**
水洗いしてひげ根を取り、ザルに広げて2日ほど干す。かさが減ってたくさん食べられる。

果物

| 旬 | 栄養成分 | 保存期間 |
|---|---|---|
| **通年**（ほぼ輸入のため）<br>1 2 3 4 5 6 7 8 9 10 11 12 | コレステロール値を下げるオレイン酸、リノール酸や老化防止に役立つビタミンEなどが豊富。 | 熟してから野菜室で<br>**3〜4日** |

| 冷蔵 ○ | 冷凍 ○ | 常温 ○ | 漬ける ✕ | 干す ✕ |

## アボカド
熟すまでは常温、熟したら野菜室へ

〈選び方〉
- ヘタがしっかりとついている
- 色が黒くなってきている
- ハリとツヤがあるもの

**コラム　驚くべき若返りパワーの持ち主**

食べる美容液といわれ、老化防止効果のあるリノール酸、リノレン酸を多く含む。アンチエイジングに効果的。一方、栄養価が高く高カロリーのためダイエットには不向き。

**安心ポイント　ヘタの周辺を切る**

① ヘタの周辺には農薬が残りやすいのでよく水洗いをします。
② ヘタの周辺1cmほどを切ってから使うとさらに安心です。

PART 2 | 野菜・果物の保存テク

## 冷蔵保存

保存期間 3〜4日(丸のまま) 2〜3日(カットしたもの)

### 切り口が変色しないように保存

**丸ごと**

**丸ごと保存**
熟しているものは、ポリ袋に入れて密閉して野菜室で保存。未熟のものは常温保存を。

**STEP 1** カット

**切り口にレモン汁を**
切り口にレモン汁を少しかけてからラップでぴっちり包み、冷蔵庫に入れる。

**STEP 2**

**種をつけたまま保存**
半分残すときは、種がついている方を残すと空気に触れる面積が小さく長もちする。

---

## 冷凍保存

保存期間 2週間

### 解凍してすぐに使えるようにひと手間かけて

**生で**

**ひと口大に切る**
種と皮を取り除いてひと口大に切る。レモン汁をかけてラップで包み、冷凍用保存袋へ。

**memo**

**レモン汁で変色防止**
アボカドの切り口は変色しやすいので、レモン汁をかけて。レモン汁がないときは塩水でもOK。

**» おいしい解凍法**

**自然解凍が一番おいしい！**
アボカドは前日に冷蔵室に移して自然解凍を。生のものよりは食感は落ちるので潰してディップやソースに利用して。

---

## 常温保存

保存期間 熟すまで

### 熟すまでは常温保存

**丸ごと**

**常温で追熟**
未熟なものはかごに入れ、冷暗所で保存。熟したら、冷蔵庫の野菜室に入れる。

**memo**

**追熟中は室温に注意**
皮の色が緑色のものは常温で追熟させますが、その温度は20℃前後が◎。アボカドは低温障害を起こすので5℃以下の場所に置かないように。高温すぎても傷みます。りんごなどエチレンガスを発生させる果物と一緒にポリ袋に入れておくと早く熟す。

果物

| 旬 | 栄養成分 | 保存期間 |
|---|---|---|
| **春**<br>(5〜6月<br>※ハウス栽培は12〜4月)<br>1 2 3 4 5 6 7 8 9 10 11 12 | ビタミンCをたっぷり含み風邪予防に。また、メラニン色素の増殖を抑制するので美肌効果も。 | 冷蔵室で<br>**1週間** |

冷蔵 ◯　　冷凍 ◯　　常温 ✕　　漬ける ◯　　干す ◯

# いちご

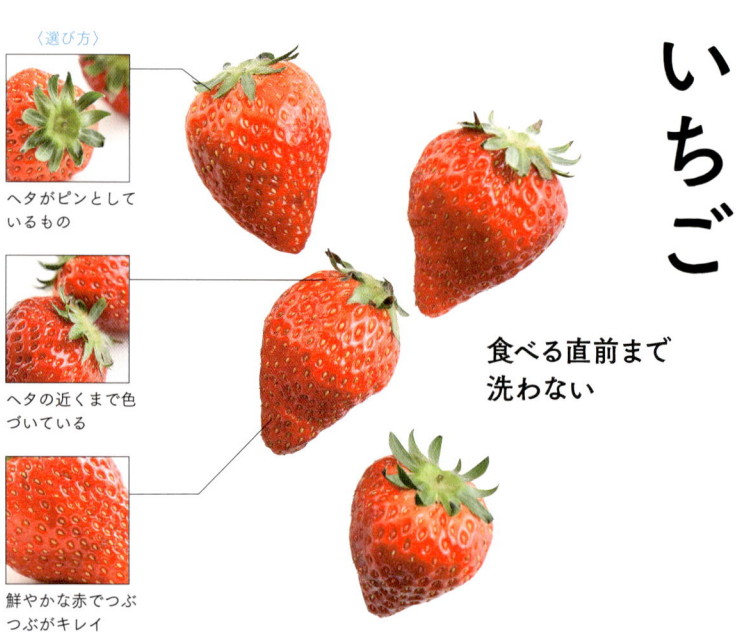

〈選び方〉

ヘタがピンとしているもの

ヘタの近くまで色づいている

鮮やかな赤でつぶつぶがキレイ

**食べる直前まで洗わない**

---

**コラム　種類豊富なベリー類**

酸味が強くビタミンCを多く含み、見た目がかわいらしいベリー類。ブルーベリー、ラズベリー、クランベリー、カシス…etc.とその種類も豊富で、菓子だけでなく肉料理などのソースとしても活用される。

**安心ポイント　指でやさしく洗う**

① 水を張ったボウルの中で、水を流しながら５分ほどつけておきます。
② ザルにあげ、流水で一つひとつ指でやさしく洗うとより安心です。

## 冷蔵保存

**保存期間 1週間**

水分は大敵! 保存前は絶対に洗わないこと!

丸ごと

### パックのまま保存
パックのまま冷蔵室で保存。重なっている部分から傷むので、別容器に入れ替えると◎。

## ジャムを作る

**保存期間 1〜2カ月**

煮詰めて

調理して

### ジャムにする
いちごが余ったら、砂糖を加えてじっくり煮詰め、ジャムにして冷蔵室に保存。

---

## 冷凍保存

**保存期間 1カ月**

冷凍するなら砂糖をまぶして

**STEP 1** 生で

### ヘタを取る
水洗いしたら、よく水けを拭き取る。ヘタや傷んだ部分は取り除く。

**STEP 2**

### 砂糖をまぶして冷凍
冷凍すると甘みがなくなるので、砂糖をまぶして冷凍用保存袋に入れて保存。

**》おいしい解凍法**

### 半解凍がおいしい
冷蔵室に移してゆっくり半解凍を。シャーベット状のものをそのまま食べたり、ミキサーにかけてスムージーに。

---

## 干す

**保存期間 2週間**

甘みがアップして濃厚な味わいに

### 薄く切って干す
薄切りにし、ザルに重ならないように並べ、途中上下を返しながら2日ほど干す。

**memo**

### 乾燥させると栄養が濃縮!
栄養価もグンとアップするドライフルーツ。ドライいちごはそのまま食べても、パンやスコーンに入れても◎。干すときは、虫に注意してしっかり水分を飛ばすのがポイント。好みで半乾きなども可能ですが、長期保存は完全に乾燥したもののみ。半乾きのものは保存袋に入れて密閉し、冷蔵室で保存します。

果物

| 旬 | 栄養成分 | 保存期間 |
|---|---|---|
| **通年**<br>（バレンシアオレンジは11〜5月<br>ネーブルオレンジは6〜10月）<br>1 2 3 4 5 6 7 8 9 10 11 12 | ビタミンCが豊富で抗酸化作用があり、美肌効果、老化防止、ストレスケアなど女性には強い味方。 | 冷暗所で<br>**1〜2週間** |

| 冷蔵 △ | 冷凍 ○ | 常温 ○ | 漬ける ○ | 干す ○ |

# オレンジ

## 冷蔵室より、風通しのよい冷暗所で保存を

〈選び方〉
- ヘタが小さい
- 皮にハリとツヤがある

### コラム　種類によってビタミンCの量が違う

ビタミンCの含有量は、バレンシアよりネーブルの方が1.5倍ほど多い。見分け方は、おしりが丸くへそのような形になっているものがネーブル。バレンシアはみかんと同じで茶色い。

### 安心ポイント　塩をこすりつけてよく洗う

① 皮をむいて食べる場合はそれほど心配する必要はありませんが、洗うと安心です。
② 皮を使う場合は、塩をこすりつけて洗い、皮をむいてゆでてから使います。

## PART 2 野菜・果物の保存テク

### 冷蔵保存
保存期間：1カ月

**野菜室で保存するならポリ袋に入れて**

丸ごと

**ポリ袋に入れる**
乾燥しないようにポリ袋に入れて口を軽く閉じ、野菜室で保存。

### 常温保存
保存期間：1〜2週間

**乾燥せずおいしく保存できる**

丸ごと

**新聞紙で包む**
新聞紙で包んで風通しのよい冷暗所に保存する。食べる少し前に冷蔵室で冷やして。

---

### 冷凍保存
保存期間：1カ月

**房から果肉を出して冷凍用保存袋に入れて冷凍**

生で

**保存袋に入れる**
房から果肉を取り出し、冷凍用保存袋に重ならないように入れて冷凍する。

**memo**

**壊れにくいビタミンC**
バレンシアオレンジのビタミンCはジュースにしても壊れにくい。凍ったままスムージーに。

**» おいしい解凍法**

**半解凍でシャーベット状に**
冷蔵室に移してゆっくり半解凍の状態で食べるのがおすすめ。ミキサーにかけてジュースにしても。

---

### 干す
保存期間：3カ月（輪切り）／2カ月（ピール）

**干しオレンジは紅茶やワインに浮かべて**

**輪切りにして干す**
皮をよく洗い、輪切りにしてザルに並べ、途中上下を返しながら4日ほど干す。

**オレンジピールに**
砂糖で煮た皮を1日ほど天日干し。グラニュー糖をまぶして完成。お菓子作りにも◎。

**memo**

**皮を煮てマーマレードに**
皮はよく洗うこと。細切りにして数回ゆでこぼしてから水100mlに対して砂糖200gを加えて煮ます。

果物

| 旬 | 栄養成分 | 保存期間 |
|---|---|---|
| 秋〜冬<br>（11〜1月）<br>1 2 3 4 5 6 7 8 9 10 11 12 | レモンは柑橘類のなかでビタミンCの含有量がトップ。疲労回復に効果があるクエン酸が豊富。 | 野菜室で<br>1カ月 |

| 冷蔵 ◯ | 冷凍 ◯ | 常温 ◯ | 漬ける ◯ | 干す ◯ |

# レモン

皮が重なるところから傷みやすいので注意

皮にツヤとハリがある

〈選び方〉

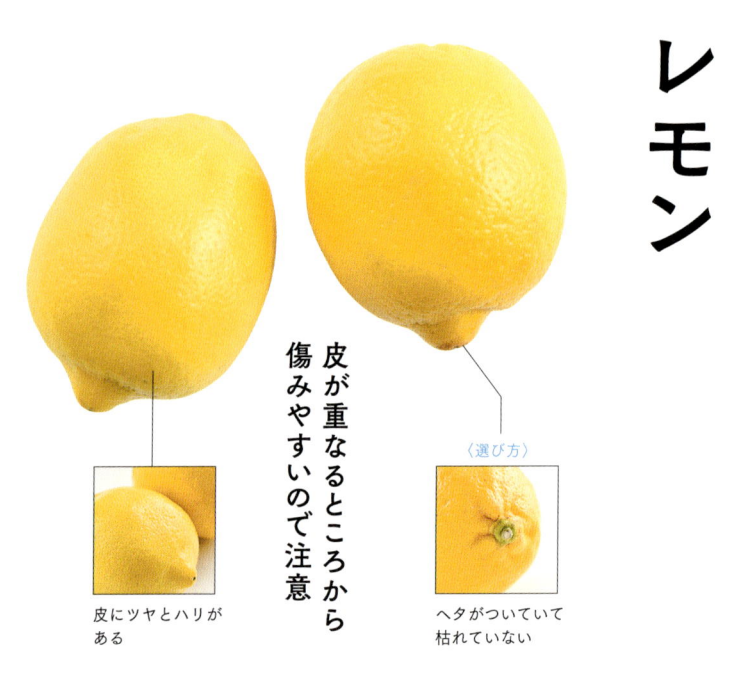

ヘタがついていて枯れていない

**コラム** 柑橘類の皮には何がある？

柑橘類の皮にはリモネンという精油成分が含まれ、その爽やかな香りはリラックス効果があるとされている。また、脳細胞を活性化させるため集中力を高め、物忘れ防止や抜け毛予防にも効果がある。

**安心ポイント** 塩をこすりつけて洗う

① 輸入された柑橘類の多くは防カビ剤がついているので、手に塩をとり、よくこすりつけて洗います。
② 果汁を搾る場合にも、皮をむいてからの方が安心です。

## 冷蔵保存

**保存期間:** 1カ月(丸ごと)／4〜5日(カット)

### ポリ袋か1つずつペーパータオルに包むと長もち

**丸ごと / ポリ袋に入れる**
ポリ袋に入れて野菜室へ。1つずつペーパータオルに包むとより長もち。

**カット / ラップで包む**
カットしたものを保存する場合は、切り口にラップをぴっちりかけて野菜室へ。

**memo / 国産か輸入かで使い分け**
輸入物は防腐剤が使用されているため長もちしますが、皮ごと調理するときは国産の無農薬のものを。

---

## 冷凍保存

**保存期間:** 1カ月

### 果汁、丸ごと、カットするなど用途に合わせて冷凍

**生で / 果汁を搾る**
搾った果汁を製氷器に入れて冷凍。凍ったら取り出して冷凍用保存袋に入れて冷凍保存。

**生で / 丸ごと冷凍**
冷凍用保存袋に入れるか、1つずつラップに包んで丸ごと冷凍を。

**» おいしい解凍法 / 自然解凍・凍ったまま**
丸ごとのものや切ったもの、皮は冷蔵室に移して自然解凍。果汁を凍らせたものは、ジュースにそのまま入れて。

---

## 冷凍保存

**保存期間:** 1カ月

### 果実も皮も使いやすく切って冷凍

**生で / くし形に切って冷凍**
くし形などに切り、ラップで包むか、保存容器に入れて冷凍する。

**生で / 皮を冷凍する**
皮を細切り、すりおろすなどして小分けにし、ラップで包む。冷凍しても香りが残る。

**memo / 柑橘類の保存**
ゆず、かぼすなど、地域ごとに特色ある柑橘類は種類も多数。レモンと同じ方法で保存を。

## 常温保存

**保存期間 2週間**

### かごに入れて冷暗所に置く

丸ごと

**かごに入れて**
丸ごと保存する場合は、ペーパータオルで包みかごなどに入れて風通しのよい冷暗所に置く。

## 漬ける

**保存期間 2〜3カ月**

### 塩漬けやはちみつ漬けに

**塩レモンにして**
塩レモンにすればいろいろな料理に使える。ほかにも砂糖漬け、はちみつ漬けも◎。

## 干す

**保存期間 4カ月**

### お菓子や料理の香りづけに

**皮だけ干す**
皮をむいてせん切りにし、ザルに広げて途中上下を返しながら1〜2日干す。

### memo

**国産レモンで丸ごと安心**

無農薬のレモンは安心して皮ごと使用できるので、砂糖で煮てから干してレモンピールに。また、そのまま干して乾燥したら、ミルで挽いてケーキやクッキーの香りづけに。香りがよいのでハーブティーにしたり、塩と混ぜてレモンソルト、ブラックペッパーと混ぜてレモンペッパーにも。

### memo

**引き立て役だけではもったいない**

レモンの仲間、ゆずやかぼすは料理の風味づけに最適。搾ってポン酢に、冷や奴やお吸い物に果皮を添えても。栄養成分もレモンと同じくクエン酸が豊富で、かぼすにはレモンの約2倍のクエン酸が含まれる。皮ごと使うときは皮をよく洗い、残ったものはレモンと同じ方法で冷凍すれば長期保存も可能。

PART 2　野菜・果物の保存テク

| 旬 | 栄養成分 | 保存期間 |
|---|---|---|
| 秋〜春<br>（11〜5月） | 美肌効果にうってつけのビタミンCが豊富。食物繊維やミネラルも含まれるのでストレス解消にも。 | 冷蔵室で<br>2週間 |

| 冷蔵 ○ | 冷凍 ○ | 常温 ○<br>（未熟なもの） | 漬ける ○ | 干す ○ |

# キウイフルーツ

〈選び方〉
- 薄茶色でうぶ毛が揃っている
- ヘタのまわりに弾力がある

かたくて未熟なものはりんごと一緒に保存

### 冷凍保存　保存期間 1カ月
**スライスして冷凍**
皮をむいてスライスし、平らに並べて冷凍用保存袋に入れて冷凍。

### 冷蔵保存　保存期間 2週間
**ポリ袋に入れる**
熟したものはポリ袋に入れて口を軽く閉じ、冷蔵室に入れて保存。

》おいしい解凍法　**半解凍がおいしい**
冷蔵室に移してゆっくり解凍を。冷凍することによって繊維が壊れるので半解凍がベスト。

**安心ポイント　皮付近は食べない**
殺虫剤が残っているので流水でこすり洗いをし、皮は厚めにむきましょう。皮つきのままスプーンで食べるときは、皮ギリギリまで食べないこと。

**コラム　肉類と食べて胃腸スッキリ**
キウイフルーツに含まれるたんぱく質分解酵素のアクチニジンは、肉類の消化を助ける効果が。また、搾り汁に肉を漬け込むとやわらかくなる。

果物

| 旬 | 栄養成分 | 保存期間 |
|---|---|---|
| **春**<br>（4～5月）<br>1 2 3 4 5 6 7 8 9 10 11 12 | ビタミンCが豊富なのはもちろん、糖度が低いのでダイエット中のビタミンCの摂取に最適。 | 野菜室で<br>**2～3週間** |

| 冷蔵 ○ | 冷凍 ○ | 常温 ○<br>（1週間） | 漬ける ○ | 干す ○ |

# グレープフルーツ

〈選び方〉

皮にハリとツヤがある

形が丸く、傷やへこみがない

**皮についている農薬をキレイに洗い流す**

## 冷凍保存　保存期間 1カ月

**生で**

**果肉を取り出す**
房から果肉を取り出し、冷凍用保存袋か保存容器に入れて保存。

## 冷蔵保存　保存期間 2～3週間

**丸ごと**

**ポリ袋に入れる**
乾燥しないようにポリ袋に入れて口を軽く閉じ、野菜室で保存。

» **おいしい解凍法　半解凍・凍ったまま**
冷蔵室に移して半解凍させるか、凍ったままジュースや酎ハイなどに入れても。

**安心ポイント**　塩をこすりつけて洗う

輸入ものは防カビ剤が使われているので、皮に塩をこすりつけて洗います。流水で塩をよく洗い落とします。

**コラム**　ビタミンC不足を感じたら……

半個で1日のビタミンC必要摂取量が摂れ、疲労回復や美肌に効果的。ただし、服用中の薬がある人は、危険な飲み合わせがあるので注意。

PART 2 | 野菜・果物の保存テク

| 旬 | 栄養成分 | 保存期間 |
|---|---|---|
| **夏**<br>(7〜8月)<br>1 2 3 4 5 6 7 8 9 10 11 12 | 利尿作用のあるシトルリンというアミノ酸やカリウムは、体内の老廃物を排出させるくみを改善。 | カットしたら冷蔵室で<br>**2〜3日** |

冷蔵 ○   冷凍 ○   常温 ○   漬ける(皮) ○   干す(皮) ○

# すいか

丸ごとは食べるまで常温保存。カットしたら冷蔵保存

〈選び方〉
- 緑と深緑の縞模様がくっきり 
- おしりの部分が黄色っぽい 

**冷凍保存** 保存期間 1カ月

**カットして冷凍**（生で）
皮を取り除き、ひと口大ぐらいに切って冷凍用保存袋に入れて冷凍。

**冷蔵保存** 保存期間 カット後は2〜3日

**カットしたらラップ**（カット）
カットしたら、切り口にラップをぴったりかけて冷蔵室で保存。

» **おいしい解凍法** 半解凍・凍ったまま
冷蔵室に移して半解凍の状態でそのまま食べる、または凍ったまま炭酸水に入れても。

**安心ポイント** 濡れ布巾で拭く
基本的に皮は残して食べますが、心配なら、濡れ布巾で表面をよく拭きましょう。食べるときは外側から1cmぐらいは残します。

**コラム** 皮は漬物に
皮にも豊富なカリウムが含まれているので、緑色の皮を外側から1cmぐらい切り取り、白い部分をスライスして浅漬けやぬか漬けなどに。

果物

| 旬 | 栄養成分 | 保存期間 |
|---|---|---|
| **通年**（ほぼ輸入のため）<br>1 2 3 4 5 6 7 8 9 10 11 12 | さまざまな糖質が含まれるのでエネルギー補給に最適。筋肉を強くし、高血圧予防にも効果的。 | 冷暗所で吊るして<br>**3〜4日** |

冷蔵 △　冷凍 ○　常温 ○　漬ける △　干す ○

# バナナ
## 常温保存が基本

〈選び方〉 
- 房のつけ根がしっかりしている 
- 傷があるものはNG

### 干す　保存期間 3週間
**輪切り＋レモン汁** 
輪切りにし、レモン汁をかけてザルに並べ、3日ほど干す。

### 常温保存　保存期間 3〜4日
**吊るすと長もち**（丸ごと）
触れた面から傷み始めるので、フックなどに吊るして保存。

📎 **memo　冷やしすぎに注意**
バナナは熱帯地域の果物。冷蔵保存すると低温障害で真っ黒になるので常温保存が基本。

**安心ポイント　軸の近くは食べない**
皮をむいてから食べるので安心ですが、皮と房の近くに農薬が残りやすいので、房のつけ根に近い部分はカットして食べるとさらに安心。

**コラム　冷蔵するときは皮をむいて**
バナナが黒くなるのは、皮に含まれている褐変物質・ポリフェノールが原因。皮をむき、果肉にレモン汁をかけてラップに包む。冷凍も可能。

PART 2 野菜・果物の保存テク

| 旬 | 栄養成分 | 保存期間 |
|---|---|---|
| **夏**<br>（5〜8月）<br>1 2 3 4 5 6 7 8 9 10 11 12 | むくみや高血圧予防に効くカリウムが豊富。赤肉種の方が抗酸化作用のあるβ-カロテンが多い。 | カットしたら冷蔵室で<br>**2〜3日** |

| 冷蔵 ○ | 冷凍 ○ | 常温 ○ | 漬ける（皮）○ | 干す（皮）○ |

# メロン

〈選び方〉

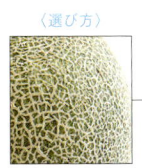

表面の網目模様が細かい

おしりがやわらかいものは食べ頃

基本は常温。
熟したら食べる前に冷やす

## 冷凍保存
保存期間 **2カ月**

**生で**

### ひと口大に切る
皮を取り、ひと口大に切る。冷凍用保存袋や容器に入れて冷凍。

## 冷蔵保存
保存期間 カット後は **2〜3日**

**カット**

### 種を取って保存
カットしたら種とワタを取り切り口とくぼみにラップをして保存。

**» おいしい解凍法　自然解凍・半解凍**
冷蔵室でゆっくり解凍。アイスクリームに混ぜたり、凍ったままフルーツポンチに入れて。

**安心ポイント**　皮付近は食べない

外側の果皮部分に農薬などが残っているので、表面を水洗いします。皮から1cmぐらいのところは食べないようにしましょう。

**コラム**　カリウムはすいかの3倍

汗をかくことでカリウムが失われやすく、夏場の水分補給に最適。ほてった体を冷ます効果もあるので、冷え性の人は食べすぎに注意。

| 旬 | 栄養成分 | 保存期間 |
|---|---|---|
| **冬**<br>(11〜1月)<br>1 2 3 4 5 6 7 8 9 10 11 12 | ビタミンCやクエン酸が豊富で、風邪予防や疲労回復に効果的。袋には食物繊維が含まれる。 | 冷暗所で<br>**1カ月** |

| 冷蔵 ○ | 冷凍 ○ | 常温 ○ | 漬ける ○ | 干す ○ |

# みかん

## 冷蔵室は乾燥しやすいため紙で包む

〈選び方〉
- オレンジ色が濃く、平べったい
- ヘタが小さい
- 皮と実の間にすき間がない

### コラム　袋や筋に強力な栄養素が宿る

果肉を包む袋や白い筋には、食物繊維が豊富に含まれているので便秘解消に。筋に含まれるビタミンPは、毛細血管を強化し高血圧予防に、β-クリプトキサンチンは骨粗鬆症予防に効果的。

### 安心ポイント　皮をむけば安心！

① 皮に農薬やワックスがついていますが、皮をむいて食べるので安心。
② 皮を使うときは、皮の表面をよく洗い、農薬やワックスを取り除きます。

PART 2　野菜・果物の保存テク

## 冷蔵保存

**冬以外は冷蔵室で**

保存期間 2カ月

丸ごと

**ポリ袋に入れる**
1つずつペーパータオルで包み、ポリ袋に入れて口を軽く閉じ、冷蔵室で保存。

## 常温保存

**ヘタを下にし、風通しがよい冷暗所**

保存期間 1カ月

丸ごと

**かごに入れて保存**
1つずつペーパータオルで包み、ヘタを下にしてかごに入れると傷みにくい。

---

## 冷凍保存

**冷凍みかんを作る**

保存期間 1〜2カ月

生で

**水で濡らして冷凍**
皮の表面をよく洗い、濡れたまま冷凍用保存袋に入れて冷凍。再度、水に通して再凍結を。

### memo

**ポイントは再凍結**

果肉の乾燥を防ぐため、一度冷凍したみかんを冷水に通して再凍結させ、氷の膜を作ります。

### » おいしい解凍法

**半解凍でシャーベット状に**

冷蔵室に移して自然解凍。半解凍の状態で皮をむいて食べるとシャーベットのようでおいしい。

---

## 干す

**煎じてお茶にしたり、お風呂に浮かべて**

保存期間 6カ月

**皮を干す**
よく洗って皮をむき、ザルに並べ、途中上下を返しながら2日ほど干す。

### memo

**みかんの皮は万能アイテム**

みかんの皮は漢方で陳皮といって薬効を持ち、風邪などのときに服用することも。ワックスや農薬を落とした皮を、干して完全に乾燥させてからミルなどで粉砕して使用。服用時にはしょうがや砂糖を加えると◎。また、干した皮をお風呂に浮かべると、肩こり改善効果のある入浴剤に。

果物

| 旬 | 栄養成分 | 賞味期限 |
|---|---|---|
| 秋〜冬<br>(11〜2月)<br>1 2 3 4 5 6 7 8 9 10 11 12 | 果糖とブドウ糖が豊富。食物繊維の一種リンゴペクチン（アラビノオリゴ糖）は乳酸菌を増殖。 | 冷暗所で<br>1カ月 |

| 冷蔵 ◯ | 冷凍 ◯ | 常温 ◯ | 漬ける ◯ | 干す ◯ |

〈選び方〉

ヘタがピンとして枯れていない

下の方まで赤い

# りんご

ペーパータオルで包み、常温保存が基本

---

**コラム** なぜ、蜜が入るのか

葉に光が当たると、でんぷんが生成され、水に溶けやすいソルビトールに変わり、枝を通って実に集まる。これこそが蜜の正体。ソルビトールは酵素によって果糖やショ糖に変えられて甘くなる。

**安心ポイント** 皮はむいて食べる

① 水を張ったボウルに入れ、水を流しながらスポンジなどで丁寧に洗います。
② 生で食べるとき、皮をむくとより安心です。

PART 2 | 野菜・果物の保存テク

## 冷蔵保存

エチレンガスを出さないように密閉を

保存期間 **3カ月**

**丸ごと**

**ポリ袋に入れる**
エチレンガスを出さないようにポリ袋に入れて密閉。おしりを下にして冷蔵室で保存。

## 常温保存

ペーパータオルで包み、冷暗所で

保存期間 **1カ月**

**丸ごと**

**紙で包み箱で保存**
1つずつペーパータオルなどで包み、新聞紙を敷いた段ボールに入れて冷暗所で保存。

## 冷凍保存

生やコンポートやピューレ状にして

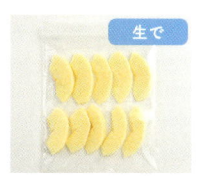

保存期間 **1カ月**

**生で**

**生のまま冷凍**
皮と種を取り、スライスしたりんごは、冷凍用保存袋に重ならないように並べて冷凍。

**加熱して**

**煮詰めて冷凍**
じっくり煮込んでコンポートやピューレ状にし、冷凍用保存袋に入れて冷凍。

### » おいしい解凍法

**冷蔵室内で自然解凍**

加熱したものは前日に冷蔵室に移して自然解凍し、デザートやジャム代わりに。スライスしたものは半解凍で食べて。

## 干す

干すことで酸味がやわらぐ

保存期間 **2〜3週間**

**STEP 1**

**塩水につける**
8等分に切り、種を取って薄切りにし、変色防止のために一度塩水につける。

**STEP 2**

**ザルに並べて干す**
ザルに重ならないように並べ、途中上下を返しながら2日ほど干す。

### memo

**紅茶に浮かべたりそのまま食べて**

皮の部分に栄養素が含まれているので、皮ごと天日干しに。皮の農薬が心配な場合は重曹でよく洗って。

ミニ検証①

COLUMN

# レタスの芯に小麦粉をつけると本当に長もちするの？

食物繊維が豊富なレタス。丸ごと1個買ったものの、使いきれずにしなびてしまい、結果ムダにすることも。ここでは、レタスを長もちさせる保存法を検証してみました。まず、そのままの丸のレタスと、芯の切り口に小麦粉をつけたレタスをそれぞれ新聞紙に包みラップをかけて野菜室で2週間保存。すると、そのまま保存したレタスは、芯から余分な水分が出て外側の葉はしなしなに。一方、芯に小麦粉を塗ったレタスは、見た目もよく食感もシャキシャキという結果に。これは芯に小麦粉を塗ることにより、芯から水分が逃げるのを防ぐため新鮮さを保ったということです。

Before → After（2週間後）

〈保存方法〉
芯に小麦粉をつけて新聞紙で包み、ラップをかける

全体的にシャキシャキ！

# PART 3

\ しっとり、ジューシー！/

# 肉・魚介類
## の保存テク

肉や魚の鮮度を落とさず保存するのは、至難の業と思っていませんか？ ここでは、下処理などのひと手間を加え〝さらにおいしく保存できるテクニック〞をご紹介します。

Preservation technique of meat and seafood.

肉・魚介類の保存徹底検証①

## Q 肉の保存、どっちが正解?(冷蔵編)

## A パックのまま

〈保存方法〉
肉をパックのまま
チルド室へ保存。

4日後

**NG!**
ドリップが出て、色が悪くなり味も落ちる。

✕

**未開封でもパックのままで冷蔵はダメ**

鮮度が命ともいえる肉。購入後はチルド室かパーシャル室へ入れて保存することをおすすめします。そのときに気をつけたいのが保存方法。「未開封だし、パックのまま保存しても大丈夫!」と、買ってきた状態で保存するのは絶対にNG。パックに入ったままでは、肉が空気に触れやすく酸化が進み、カビや雑菌が繁殖し傷みやすくなります。

## B ペーパータオルで包んでラップ

〈保存方法〉
肉をパックから出し、ペーパータオルで包んでラップに包みチルド室へ保存。

4日後

こっちが長もち

長もち

OK!
調味料などで下味をつければさらに日もちする。

### 空気を遮断して密閉保存がポイント

肉はパックから取り出して、ドリップといわれる肉から出た余分な水分を拭き取りましょう。こうすることで臭みも取れます。水分をよく拭き取ったら、空気に触れないようにペーパータオルで包んでからラップでぴっちり包み、ポリ袋に入れて空気を遮断してチルド室へ。また塩、酢などは菌の繁殖を抑えるので、調味料で下味をつけても OK。

肉・魚介類の保存徹底検証②

# Q 肉の保存、どっちが正解？（冷凍編）

## A 鶏むね肉をそのまま冷凍 ✕

〈保存方法〉
パックから出してラップでぴっちり包み冷凍用保存袋に入れて急速冷凍。

▽ 3週間後

▽ 自然解凍
／白っぽい……

▽ 蒸す
／旨みがなくパサパサ

**NG** かたくなってパサパサ……。鶏肉の風味も損なわれてしまった。

乾燥するので、かたくパサパサした食感

脂肪分が少ない鶏むね肉はヘルシーな部位ですが、そのまま冷凍すると、パサパサした食感になってしまいます。なぜなら、鶏むね肉は筋肉の膜が薄いので水分が失われやすく、すぐ乾燥してしまい旨みまで逃げてしまうため。解凍後に蒸してもパサつきがあり、食感もかたく感じられるので、そのままだと冷凍保存には向きません。

# B 氷水につけてから冷凍

〈保存方法〉
氷水にくぐらせラップでぴっちり包み冷凍用保存袋に入れて急速冷凍。

▽ 3週間後

氷の膜がある

▽ 自然解凍

キレイなピンク色

▽ 蒸す

しっとりジューシー！

**OK** 氷膜が乾燥を防ぐのでパサつきを抑え、味も食感もそのまま。

## 乾燥と酸化を防ぐ秘訣は氷水にあり

肉を生のまま長期保存させたいときは、氷水にくぐらせてラップに包み冷凍を。こうすることで肉の表面にグレーズと呼ばれる氷の膜ができ、氷膜から水分子が蒸発している間は水分が保たれて、冷凍中の乾燥や酸化を防いでくれるのです。これは、肉だけでなく、魚介類にも使える優れた冷凍法。どちらにしても急速冷凍が鉄則です。

肉・魚介類の保存徹底検証③

## Q 肉の保存、どっちが正解？（冷凍編）

## A 鶏もも肉を下味をつけずに冷凍 ✕

〈保存方法〉
鶏もも肉を下味なしで冷凍用保存袋に入れて冷凍。

▽ 3週間後

▽ 自然解凍

ドリップが出ている

▽ 炒める

パサパサでおいしくない……

NG! 解凍後に炒めたら水分が飛んで風味もなくなってしまった。

ドリップと旨味成分の流出で残念な結果に

肉を下味なしで冷凍しても間違いではありません。ただ、解凍する際にドリップが出てしまうのであまりおすすめできません。また、解凍後に炒めるなどの加熱処理をすると、水分と一緒に旨味成分も流出してしまうため、パサパサになり味が落ちてしまうのです。肉を冷凍保存するときは、下味をつけるなどひと手間かけるとよいでしょう。

146

PART 3 | 肉・魚介類の保存テク

# B
## 鶏もも肉を下味をつけて冷凍

〇

〈保存方法〉
しょうゆベースの漬けだれに漬け、冷凍用保存袋に入れて冷凍。

▽ 3週間後

▽ 自然解凍

冷凍前とあまり変わらない

▽ 炒める

ジューシーで肉汁たっぷり！

OK! 調味料がたっぷり染み込み、肉がやわらかくなった！

### 調味料でジューシーな味わい

味料が肉に浸透するため、肉がやわらかくなりジューシーでおいしくなります。冷凍保存の際に気になるほかの食材からのニオイ移りも解消されて長期保存も可能。あとは焼くなどするだけなので、調理も簡単です。

調味料に含まれる塩分、アルコール、酢などには雑菌の繁殖を抑える働きがあるので下味をつけると日もちします。また、冷凍中に調

肉・魚介類の特徴を知る①

\ これで本当においしく長もち！/
# 肉の冷蔵・冷凍保存の基本

いかに新鮮であるかが重要な肉。その旨みを損なわず、鮮度をキープしながら保存するためのポイントをおさらいしましょう。

## 1 とにかく水分をよく取ること

### 肉の冷蔵保存の基本ルール
（スライスした肉の場合）

**① 水分をよく拭く** 
肉から出たドリップをペーパータオルでよく拭き取る。

**② ペーパータオルで1枚ずつ包む** 
肉から出るドリップを吸収するためペーパータオルにはさむ。

**③ ラップで1枚ずつ包む** 
空気に触れないようにラップでぴっちり包む。

**④ 上に保冷剤をのせる** 
金属トレイにのせ、保冷剤をのせて冷蔵する。

/ さらに長もち！\

### 余分な水分を取って長もちさせる

肉を冷蔵するときは、肉から出たドリップをよく拭き取ることが重要。水分が多いと傷みやすく、旨みも落ちてしまいます。ペーパータオルで余分な水分を吸収しながら冷蔵しましょう。酸化を防ぐため、ラップでぴっちり包んでからポリ袋に入れてチルド室かパーシャル室で保存します。上に保冷剤をのせるのがおすすめです。

148

# 2 冷凍するなら氷膜または下味をつける

## ひと手間加えてさらにおいしく長期保存

肉を冷凍保存するときに、ひと手間加えるとグンとおいしく長もちします。まずは、氷水にくぐらせた肉をラップに包んで冷凍用保存袋に入れる方法。肉の表面を氷が覆い酸化防止になります。そして、下味をつけて冷凍用保存袋に入れて冷凍する方法。下味をつけることによりドリップが出にくくなり、肉がやわらかくなります。

### 肉の冷凍保存の基本ルール

**氷膜をつける**

氷水にくぐらせる。

⇩

ラップで包み、冷凍用保存袋に入れる。

**下味をつける**

調味料などで下味をつける。

⇩

ラップで包み、冷凍用保存袋に入れる。

⇩

❄ 冷凍室へ

肉・魚介類の保存徹底検証④

## Q 魚介の保存、どっちが正解?（冷蔵編）

内臓から傷むので必ず下処理を

鮮度が命の魚介類は、内臓から傷むといわれています。いかも内臓や軟骨を取らずにそのまま冷蔵すると、表面がぬめりだしニオイも気になってきます。ほかの食品にニオイを移してしまうので、内臓をつけたままの保存はNGです。吸盤もこそげ取り、しっかり下処理をしてから保存しましょう。下処理後は、冷蔵庫のチルド室かパーシャル室へ。

## A いかをそのまま冷蔵

〈保存方法〉
買ってきたままのいかをラップで包みポリ袋へ入れてチルド室に保存。

3日後

強烈な刺激臭が……

**NG!**
内臓から暗褐色の液体が出て鼻を刺すようなニオイが発生。

✕

150

PART 3 肉・魚介類の保存テク

## B 内臓を取り出して冷蔵

〈保存方法〉
内臓を取り除いて洗い、水けを拭いてラップで包んで金属トレイにのせ、保冷剤をのせてチルド室に保存。

3日後

こっちが長もち！

OK!
ニオイもなく、見た目もキレイでそのまま調理できる。

**購入後すぐに下処理をするのが長もちのコツ**

いかはすぐに内臓と軟骨を取り除き、よく洗ってから水けを拭き取りましょう。下処理をしてチルド室かパーシャル室へ保存すれば、季節にもよりますが2〜3日は日もちします。下処理をして胴体、足、用途によってはエンペラを分けておくと、そのときに使わなくても、そのまま冷凍保存もできるので便利です。

肉・魚介類の保存徹底検証⑤

## Q 一尾魚の保存、どっちが正解？（冷凍編）

## A そのまま冷凍 ✕

風味が落ち
パサパサとした食感

いか同様、魚も内臓から傷むので、購入後は頭と内臓、えらを取り除き、流水でよく洗ってから、水けをしっかり拭き取ることが重要です。下処理をせずにそのまま冷凍すると、解凍する際にドリップが出て生臭く、水っぽくなってしまいます。焼くと身がパサパサでニオイも気になり、味が落ちてしまうことに。下処理はしっかりと行いましょう。

〈保存方法〉
あじを1尾ずつラップに包み、冷凍用保存袋に入れて冷凍。

▽ 3週間後

見た目は普通？

▽ 自然解凍

ちょっと生臭い……

▽ 焼く

パサパサ。ニオイも……

NG! 臭みがあり、食感はパサパサ、内臓周辺は苦みが。

PART 3 | 肉・魚介類の保存テク

# B
## 三枚おろしにして冷凍

〈保存方法〉
あじを三枚おろしにしてラップで包み、冷凍用保存袋に入れて冷凍。

▽ 3週間後

鮮度キープ！

▽ 自然解凍

ニオイは気にならず

▽ 焼く

身はしっとりふわふわ！

OK! 三枚おろしにすれば、臭みもなく、しっとりとした食感に。

**下処理後は水けをしっかり拭き取ること**

一尾魚は頭と内臓を取ってから流水で洗います。内臓のニオイを残さないように、腹の中もよく洗い、ペーパータオルで水けを拭き取り、三枚におろします。保存するときは、氷水にくぐらせて一枚一枚ラップで包んでから冷凍用保存袋に入れて冷凍を。また、下味をつけてから冷凍すれば酸化を防ぎ、ほかの食材へのニオイ移りも気になりません。

肉・魚介類の特徴を知る②

\これで本当においしく長もち！/
# 魚介の冷蔵・冷凍保存の基本

傷みやすくニオイも気になる魚介類。鮮度もおいしさもそのままキープできる下処理とポイントをおさらいしましょう。

## 1 内臓は取り除く

### 魚介類の冷蔵保存のルール
（一尾魚の場合）

**③ 水けをよく拭き取る**
表面だけでなく、腹の中の水けもしっかり拭き取る。

**① 買ってきたらすぐに洗って内臓を取り除く** 
一尾魚は、よく洗ってから頭を落とし、傷みやすい内臓を取り除く。

**④ ラップに包んで冷蔵保存**
ラップでぴっちり包んでポリ袋へ入れて冷蔵。

**② 腹の中までよく水洗いする** 
内臓のぬめりなどが残らないように、よく洗う。

**傷みやすい内臓やえらはすぐに取り除く**

新鮮なものを購入して、すぐ下処理をしましょう。一尾魚やいかなどの魚介類は内臓から傷みはじめるので、なるべく早く頭や内臓、えらなどを取り除きます。取り除いたらよく水で洗ってから水けをしっかり拭き取り、ラップに包んでポリ袋に入れて冷蔵庫のパーシャル室かチルド室へ。下処理をして冷蔵すれば、新鮮さもおいしさもキープしたまま保存できます。

## 2 魚介類の冷凍耐性を知る

種類によって冷凍向きと不向きがある

魚介類は、種類により冷凍耐性が異なります。まぐろやかつおなどの赤身の魚やいかやたこなど水分が少なく、食品の組織がしっかりしているものは冷凍向き。反対に、たらなどの白身魚は組織が弱く、そのまま冷凍すると解凍のときにドリップが出てしまい、旨みが損なわれてしまいます。冷凍耐性が低い魚は下味をつけてから保存しましょう。

### 冷凍耐性の高低と冷凍方法

**高い** ← 冷凍耐性 → **低い**

**まぐろやかつお** / **いかやたこ**

- 内臓のある一尾魚やいかなどは、下処理をしてからラップで包んで冷凍
- 切り身やさくはそのままラップで包んで冷凍
- 下味をつけて冷凍
- 氷水にくぐらせてから冷凍

**たらなどの白身魚** / **産卵後の魚**

- そのまま冷凍はNG!!
- 下味をつけてから冷凍
- 氷水にくぐらせてから冷凍

📎 **memo 冷凍耐性って?**

冷凍することに対してどれだけその環境に適応できるか、耐えられるかということ。冷凍に適した食材と適していない食材があるので、食品の特質をよく見極めて上手に冷凍保存しましょう。

肉・魚介類の保存徹底検証⑥

## Q ハンバーグの保存、どっちが正解?

### B 焼いて冷凍

〈保存方法〉
焼いて冷めたハンバーグをラップに包み冷凍用保存袋に入れて冷凍。

自然解凍

電子レンジ加熱

温めてもなんだかかたそうな感じ。

NG！ 肉汁もなくなってパサパサ

つややかな肉汁もなく、かたい食感。 ×

### A 肉だねのまま冷凍

〈保存方法〉
成形した肉だねをラップに包み冷凍用保存袋に入れて冷凍。

自然解凍

フライパンで焼く

見た目も肉汁が出てジューシー。

OK！ ふっくらジューシー

作りたてと変わらないおいしさ！ ○

---

**肉だねはラップでぴっちり包むのがコツ**

肉だねを焼いてから冷凍した場合、解凍時にハンバーグから肉汁が出てかたくなってしまうので、肉だねのまま冷凍するのが正解。冷凍する際は、空気に触れて酸化しないようにラップでぴっちり包んで冷凍を。自然解凍してフライパンで焼けば、ふっくらジューシーに。生焼けにならないよう真ん中にくぼみを作っておくことを忘れずに。

156

肉・魚介類の保存徹底検証⑦

## Q 鮭の切り身の保存、どっちが正解？

### B 焼いて冷凍

〈保存方法〉
切り身魚を焼いて冷まし、ラップで包み冷凍用保存袋に入れて冷凍。

自然解凍

電子レンジ加熱

見るからにボソボソしている。

**NG！** 風味もなくパサパサ

脂が抜け落ちてパサついた感じに。 ✗

### A 塩をふって生のまま冷凍

〈保存方法〉
鮭の切り身に塩をふってラップで包み冷凍用保存袋に入れて冷凍。

自然解凍

網で焼く

脂がジュワッとにじみでている感じ。

**OK！** 身がほぐれておいしい

脂がのってふっくらと焼けます。 ○

### ほどよい脂と旨味成分をそのままキープ

鮭の切り身は塩をふってそのまま冷凍すると便利。自然解凍してから焼くと脂がにじみ出て、身がほぐれておいしく焼き上がります。反対に、焼いてから冷凍すると、焼いたときに脂肪分と旨味成分が落ちてしまうので、解凍してもパサついた食感になってしまいます。焼いた鮭はほぐしたあと、調味をして冷凍するのがおすすめです。

冷凍中に起こる変化を知る

\ どうして味が違う？ /
# 加熱後の冷凍はなぜまずい？

焼いたり、揚げたり、特に油で加熱処理した後の冷凍食材は、なぜかまずい……。ここでは、その〝まずくなる〟原因に迫ります。

## 1 加熱すると水分がぬける

### 加熱後の冷凍がまずいワケ

**焼く・揚げる**
↓
**水分がぬける**

**冷凍保存**
↓
**乾燥する**
↓ 自然解凍

**電子レンジ加熱**
←
**さらにパサパサに!!**

**加熱後の冷凍は水分がぬけて乾燥する**

ハンバーグや鮭の切り身で検証したように、加熱調理を加えてから冷凍すると、ハンバーグなら肉汁が流れ落ち、切り身魚なら脂が落ちてパサパサに。これは、加熱調理により水分がぬけ、さらに冷凍したことにより食材が乾燥してしまったため。水分がぬけて冷凍庫中の空気に触れると、たんぱく質が変化したり、油が酸化してまずくなるのです。

## 2 冷凍室での乾燥・酸化・ニオイ移り

### まずい原因は霜と空気とニオイにあり

冷凍した食材は冷凍室の開閉による温度変化で溶けたり凍ったりを繰り返し、霜がつきます。霜がつくと乾燥して風味が落ちます。また食材は脂肪分が空気に触れると酸化(油やけ)します。酸化した食材は変色し、これも風味が落ちる原因に。ほかに、冷凍室のニオイが移るのも食材がまずくなる原因のひとつ。しっかり密閉することが大事です。

---

**冷凍中も品質が変わる**

| 霜と乾燥 | 油やけ（酸化） |
|---|---|
| ドアの開け閉め | 焼く・揚げてから冷凍 |
| ⋁ | ⋁ |
| 冷凍庫内の温度変化 | 油が酸化する |
| ⋁ | ⋁ |
| 霜がつき乾燥が進む | 表面が変色し味も落ちる |

⟵ ニオイ移り ⟶

**パサパサ&冷凍臭がついてまずい!!**

豚肉

| 栄養成分 | 保存期間 |
|---|---|
| 良質なたんぱく質とビタミンB₁が豊富。ビタミンB₁は牛肉の約10倍もあり疲労回復に効果的。 | 冷凍で<br>**2〜3週間** |

冷蔵 ◯　冷凍 ◯　常温 ✕　漬ける ◯　干す ✕

# 豚肉

ペーパータオルで包むことで鮮度長もち！

〈選び方〉

赤身のきめが細かい

ドリップがない

**豚薄切り肉**

**豚こま切れ肉**

ツヤと弾力がある

**豚かたまり肉**

**豚とんかつ・ステーキ用肉**

赤身は淡いピンク、脂肪は白い

PART 3 | 肉・魚介類の保存テク

## 冷蔵保存

**豚薄切り肉・こま切れ肉** ペーパータオルとラップで密閉冷蔵

保存期間
パーシャル室で1〜2週間
冷蔵室で2〜3日

**STEP 1 水分を拭き取る**
買ってきたらパックから出して、ペーパータオルで水分を拭き取る。

**STEP 2 紙タオルで包む**
薄切り肉は1枚ずつペーパータオルではさみ、こま切れ肉は小分けにして包む。

**STEP 3 ラップでぴっちり**
3〜4枚重ね、空気をぬいてラップでぴっちり包む。温度の低いパーシャル室へ。

---

## 冷蔵保存

**豚かたまり肉** 下味をつけて冷蔵すると便利

保存期間
パーシャル室で1〜2週間
冷蔵室で2〜3日

**生で 紙タオル&ラップで**
水分を拭いてペーパータオルで包み、空気をぬくようにラップでぴっちり包む。

**味つきで 塩麹をすり込む**
水分を拭いて塩麹や塩をすり込んで下味をつける。ポリ袋に入れ、口をしっかり閉じる。

**ゆでて ゆでて冷蔵**
塩、酒をふり、香味野菜と一緒にゆでて冷まし、ゆで汁ごと保存袋や密閉容器に入れる。

---

## 冷蔵保存

**豚とんかつ・ステーキ用肉** 保冷剤をのせる！

保存期間
パーシャル室で1〜2週間
冷蔵室で2〜3日

**生で 紙タオル&ラップで**
水分を拭き取りペーパータオルで包み、空気をぬくようにラップでぴっちり包む。

**味つきで 下味をつける**
水分を拭いてみそなどで下味をつける。保存袋に入れ、空気をしっかりぬいて保存。

**さらに長もち！ 保冷剤をのせる**
保存袋の上に保冷剤をのせてパーシャル室で保存するとさらに長もちする。

豚肉

## 冷凍保存

### 豚薄切り肉・こま切れ肉　下味をつけるなどひと工夫する

**保存期間 2〜3週間**

**氷水にくぐらせる**（生で）
1枚ずつ氷水か塩水にくぐらせてからラップに包み、冷凍用保存袋に入れて冷凍。

**下味をつける**（味つきで）
水分を拭いて好みの調味料で下味をつける。冷凍用保存用袋に入れ、空気をぬいて冷凍。

**オイル漬けに**（味つきで）
薄切り玉ねぎと一緒に冷凍用保存袋に入れ、オリーブオイルを加えてオイル漬けに。

---

## 冷凍保存

### 豚かたまり肉　3〜4cm厚さに切ってから冷凍

**保存期間 2〜3週間**

**氷水にくぐらせる**（生で）
3〜4cm厚さに切り、氷水にくぐらせてからラップに包み、冷凍用保存袋に入れて保存。

**下味をつける**（味つきで）
3〜4cm厚さに切り、好みの調味料で下味をつけ、ラップに包み冷凍用保存袋へ。

**memo**
**なぜ、切ってから冷凍？**
かたまり肉はそのままだと冷凍するのに時間がかかり、酸化したり、水分が蒸発するので切ってから冷凍を。

---

## 冷凍保存

### 豚かたまり肉（ゆで）　ゆで豚もゆで汁も冷凍できる！

**保存期間 2〜3週間**

**STEP 1　ゆで豚を作る**（ゆでて）
塩、酒をふり、香味野菜と一緒にゆでて冷まし、ゆで汁ごと保存袋や密閉容器に入れる。

**STEP 2　残ったゆで汁も冷凍**
ゆで豚を作ったときに残ったゆで汁は、冷ましてから冷凍用保存袋か容器に入れて冷凍。

**memo**
**ゆで汁ごと冷凍に**
ゆで豚を作ったら、酸化防止のためにもゆで汁ごと冷凍。残ったゆで汁も冷凍してスープや煮物に活用。

## 冷凍保存

**保存期間 2〜3週間**

## 豚とんかつ・ステーキ用肉　ひと工夫してから冷凍を

### 生で
**1枚ずつラップをする**
氷水にくぐらせ、1枚ずつラップでぴっちり包み、冷凍用保存袋に入れて冷凍。

### 味つきで
**下味をつける**
塩、こしょうをふり、1枚ずつラップでぴっちり包み、冷凍用保存袋に入れて冷凍。

### 衣つきで
**衣をつけて冷凍**
塩、こしょうで下味をつけてフライ衣をつけ、ラップで包み、冷凍用保存袋に入れて冷凍。

---

**» おいしい解凍法**　冷凍肉の解凍は、豚肉、鶏肉、牛肉、レバーなど基本的に共通です。

### 下味つきの冷凍肉は？
塩漬けやオイル漬けなど、下味をつけて冷凍した肉は、前日に冷蔵室に移して一晩おき、自然解凍が一番。急いでいるときは、流水解凍するのがおすすめ。ゆでた肉も冷蔵室で自然解凍を。野菜と蒸し煮にするときは、凍ったまま調理してもOK。

### フライ衣つきの冷凍肉は？
フライ衣をつけて冷凍した肉は、凍ったまま揚げるのがおいしく作るコツ。その場合、低温の揚げ油に入れて中火でゆっくりと揚げていきます。その間に肉が解凍されます。ひっくり返すのは衣がやや色づいてきてから。両面こんがりとしてきたら出来上がりです。

---

### コラム　肉の形によって保存期間が異なる

栄養が豊富な肉は酸化しやすいので、なるべく空気に触れさせないように。ひき肉など空気に触れる部分が多い肉ほど傷みやすく、かたまり肉や厚切り肉は比較的保存がきく。

### 安心ポイント　漬け汁は捨てる！

① 脂身には肥料に含まれる農薬が残留していることがあります。できるだけ脂身を取り除きましょう。
② 漬け汁は薬剤が溶け出しています。漬け汁は捨て、新しく調味料を作り直してから調理しましょう。

# 鶏肉

| 栄養成分 | 保存期間 |
|---|---|
| 高たんぱく低脂肪でダイエットには最適。必須アミノ酸のメチオニンを含み、肝機能向上も。 | 冷凍で **2〜3週間** |

冷蔵 ○　冷凍 ○　常温 ✕　漬ける ○　干す ✕

**鶏肉** 水分をよく拭き取り、冷蔵または冷凍を

〈選び方〉
- 色はピンク色で透明感がある
- 皮は毛穴が盛り上がっている
- ドリップがない

**鶏むね肉**

**鶏もも肉**

**鶏ささみ**

**手羽先**

- 皮にハリと弾力がある
- 身が締まってツヤがある
- ドリップがない

PART 3　肉・魚介類の保存テク

## 冷蔵保存

### 鶏もも肉　ペーパータオルとラップで密閉冷蔵

保存期間
パーシャル室で1〜2週間
冷蔵室で1〜2日

**STEP 1** 生で
**水分を拭き取る**
買ってきたらパックから出して、ペーパータオルで水分を拭き取る。

**STEP 2**
**紙タオルで包む**
1枚ずつペーパータオルで包む。こうすることで余分な水分がぬけ、鮮度が保たれる。

**STEP 3**
**ラップをする**
空気が入らないようにラップでぴっちり包む。温度の低いパーシャル室かチルド室に入れる。

## 冷蔵保存

### 鶏もも肉　下味をつける・ゆでるでおいしく冷凍

保存期間
パーシャル室で1〜2週間
冷蔵室で1〜2日

**味つきで**
**下味をつける**
ヨーグルトやカレー粉などで下味をつける。ポリ袋に入れ、空気をしっかりぬいて保存。

**ゆでて**
**ゆでてから冷蔵**
塩、酒をふり、香味野菜と一緒にゆでて冷まし、ゆで汁ごと保存袋や密閉容器に入れる。

**memo**
**豚肉や牛肉より傷みやすい**
鶏肉はほかの肉より水分が多いため傷みやすく、塩や酒などの下味をつけることで保存性が高まります。

---

**コラム　若々しく健康を維持する鶏肉**

低脂肪・低カロリーの鶏肉は、ヘルシーでダイエットや美肌に効果的。コラーゲンは手羽先に多く含まれ煮物にすれば煮汁からも摂取できる。また、部位によって栄養素も違うので知っておくと◎。

**安心ポイント　アクを取り除く！**

① 病気やストレス軽減のために、ブロイラーでは飼料に抗生物質などの添加物が混ぜられていることが多いので、地鶏を選びましょう。
② ゆでたときに出るアクは有害物質を含んでいるので取ります。

鶏肉

## 鶏むね肉 鶏ハム用にしておくと便利

**冷蔵保存**
保存期間：冷蔵室で1〜2日／パーシャル室で1〜2週間

**生で — 紙タオル&ラップで**
水分を拭いてペーパータオルで包み、ラップで包んでパーシャル室で保存。

**味つきで — 鶏ハム用にして保存**
下味をつけ、棒状に丸めてラップで包んで保存。食べるときにゆでるだけでOK。

**memo — 鶏ハムの下ごしらえ**
厚みを均一にして、砂糖、塩、スパイス、ハーブをすり込み、ロール状に巻いてラップでぴっちりと包み、両端を縛る。

---

## 鶏ささみ 下ごしらえをしておけばすぐに使える

**冷蔵保存**
保存期間：冷蔵室で1〜2日／パーシャル室で1〜2週間

**生で — 紙タオル&ラップで**
1本ずつペーパータオルで包み、ラップでぴっちり包む。パーシャル室で保存。

**味つきで — 筋を取ってから下味を**
筋を取り除き、好みの調味料で下味をつけてポリ袋に入れ、空気をしっかりぬいて保存。

**memo — 筋を取る理由は?**
ささみ肉の筋は、加熱したときに肉が縮む原因になります。また、口に入れたときに残るので取り除いて。

---

## 鶏ささみ

**冷蔵保存**
保存期間：冷蔵室で3〜4日／パーシャル室で1〜2週間

**加熱して — 電子レンジで加熱**
塩、酒をふり、香味野菜と一緒に電子レンジで2分加熱。冷ましてラップで包んで保存。

## 手羽先

**冷蔵保存**
保存期間：冷蔵室で1〜2日／パーシャル室で1〜2週間

**生で — 水分を拭きラップ**
水分を拭き、1つずつペーパータオルで包んでラップで包み、パーシャル室で保存。

PART 3 | 肉・魚介類の保存テク

## 鶏もも肉　金属トレイで急速冷凍が◎

**冷凍保存**
保存期間 2〜3週間

**STEP 1**　氷水につける
ボウルに氷水か塩水を張り、肉をくぐらせる。水けは拭き取らない。

**STEP 2**　ラップで包む
1枚ずつ空気が入らないようにラップでぴっちり包み、冷凍用保存袋に入れて冷凍。

**下味をつける**
水分を拭き、好みの調味料で下味をつけてラップでぴっちり包み、急速冷凍。

---

## 鶏むね肉　氷水につけてから冷凍

**冷凍保存**
保存期間 2〜3週間

**STEP 1**　氷水につける
ボウルに氷水か塩水を張り、肉をくぐらせる。水けは拭き取らない。

**STEP 2**　ラップで包む
1枚ずつ空気が入らないようにラップでぴっちり包み、冷凍用保存袋に入れて冷凍。

**memo**

**氷水につける？下味をつける？**

解凍後にどのような味つけで食べるか決まっていないなら、氷水につけて冷凍する方法がおすすめ。

---

## 鶏ささみ

**冷凍保存**
保存期間 2〜3週間

**1本ずつラップに**
氷水か塩水にくぐらせ、1本ずつラップでぴっちり包み、冷凍用保存袋に入れて急速冷凍。

## 手羽先

**冷凍保存**
保存期間 2〜3週間

**下味冷凍で簡単**
好みの調味料で下味をつけ、ラップで包んで冷凍用保存袋に入れて急速冷凍。

牛肉

| 栄養成分 | 保存期間 |
|---|---|
| たんぱく質、脂質、鉄が豊富で貧血予防に効果的。丈夫な体をつくる必須アミノ酸も豊富。 | 冷凍で<br>**2〜3週間** |

冷蔵 ◯　冷凍 ◯　常温 ✕　漬ける ◯　干す ✕

# 牛肉

ステーキ用肉のおいしい保存法をマスター

〈選び方〉

鮮やかな赤身と白い脂身

ツヤがあり、きめが細かい

牛ステーキ用肉

脂身（サシ）が均等に入っている

牛角切り肉

牛薄切り肉

牛こま切れ肉

PART 3 | 肉・魚介類の保存テク

## 冷蔵保存

### 牛薄切り肉・こま切れ肉　ペーパータオルとラップで包んで保存

保存期間
パーシャル室で1～2週間
冷蔵室で2～3日

**STEP 1　水分を拭き取る**
買ってきたらパックから出して、ペーパータオルで水分を拭き取る。

**STEP 2　紙タオルで包む**
薄切り肉は1枚ずつペーパータオルで包む。こま切れ肉は小分けにして包む。

**STEP 3　ラップでぴっちり**
空気が入らないようにラップでぴっちり包み、パーシャル室で保存。

---

## 冷蔵保存

### 牛角切り・ステーキ用肉　水分をぬくようにペーパー＆ラップ保存

保存期間
パーシャル室で1～2週間
冷蔵室で2～3日

**生で　紙タオル＆ラップで**
水分を拭き取ってペーパータオルで包み、ラップでぴっちり包んで冷蔵。

**味つきで　下味をつけて冷蔵**
好みの調味料で下味をつけ、1枚ずつラップで包んで冷蔵。

**memo　調理の前に常温に戻すこと**
厚い肉を上手に焼くコツは、調理の30分前くらいにパーシャル室から出して常温に戻すこと。

---

### コラム　脂肪燃焼を促すカルニチンに注目

牛肉の赤身部分に含まれるカルニチンという生理活性物質には、体内の余分な脂肪を燃焼させエネルギーに変える効果があります。適量を食べて、適度に運動すれば、脂肪燃焼効果も高まり健康な体に。

### 安心ポイント　さっと湯通し

① 輸入牛肉は、脂がのった肉にするために女性ホルモン剤が使用されている可能性があるので、なるべく国産牛肉を選びます。
② 水分を拭き取り、さっと湯通しすると薬剤が溶け出すので安心。

牛肉

## 冷凍保存

**保存期間 2〜3週間**

### 牛薄切り・こま切れ肉　肉の冷凍の基本は一緒です

**STEP 1　生で**
**水分を拭き取る**
買ってきたらパックから出して、ペーパータオルで水分を拭き取る。

**STEP 2**
**氷水にくぐらせる**
氷水か塩水にくぐらせる。こうすることで氷の膜が作られる。

**STEP 3**
**ラップで包む**
1枚ずつ、または小分けにしてラップでぴっちり包み、冷凍用保存袋に入れて冷凍。

---

## 冷凍保存

**保存期間 2〜3週間**

### 牛薄切り・こま切れ肉　下味つき&オイル漬けで冷凍

**味つきで**
**下味をつけて冷凍**
好みの調味料で下味をつけて冷凍用保存袋に入れ、空気をぬいて密閉して冷凍。

**味つきで**
**オイル漬けで冷凍も**
薄切り玉ねぎと一緒に冷凍用保存袋に入れ、オリーブオイルを加えてオイル漬けに。

**memo**
**玉ねぎ&オイルでおいしく冷凍**
玉ねぎは肉をやわらかくし、オイルは酸化を防いで水分が出るのを防いでくれるので、おいしさを保てます。

---

## 冷凍保存

**保存期間 2〜3週間**

### 牛角切り・ステーキ肉　レアに焼いて冷凍すると調理がラク

**生で**
**1枚ずつラップを**
氷水か塩水にくぐらせ、1枚ずつラップでぴっちり包み、冷凍用保存袋に入れて冷凍。

**味つきで**
**下味をつけて**
好みの調味料で下味をつけ、ラップでぴっちり包み、冷凍用保存袋に入れて冷凍。

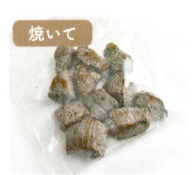

**焼いて**
**表面を焼いて冷凍**
角切り肉は、下味をつけてレアに焼き、冷まして冷凍用保存袋に入れて冷凍。煮込みに便利。

> COLUMN
> 食品保存の科学
> 1

# 賞味期限の秘密

賞味期限は、あくまでも未開封の状態が大前提として設定されています。「賞味期限までならおいしく食べられる」と、メーカーや製造元、輸入品ならば輸入業者が微生物試験、理化学試験、官能試験などのあらゆる検査を通して品質を保証し、実際に保存できる期間より2/3程度短く日付を設定しているのです。また、期限表示には「賞味期限」と「消費期限」の2種類があります。「賞味期限」は比較的傷みにくい食品類に表示され、「消費期限」は野菜や肉、魚などの生鮮食品、加工食品、総菜など傷みやすい食材に表示されています。砂糖、塩、調味料などは、品質がそれほど悪くならないという理由で表示が省略されている場合があります。なお賞味期限とは、おいしく食べられる期間を示し、賞味期限が過ぎたから絶対に食べられないというわけではありません。

# レバー

## 下処理&下味で冷凍保存

| 栄養成分 | 保存期間 |
|---|---|
| 鉄分、葉酸、ビタミンA、B群、銅などが豊富で貧血予防や皮膚、粘膜の強化に効果的。 | 下処理をして冷凍なら<br>**2〜3週間** |

| 冷蔵 ◯ | 冷凍 ◯ | 常温 ✕ | 漬ける ◯（ゆでて） | 干す ✕ |

〈選び方〉 
- 赤みがある色でツヤとハリがある 
- 弾力がある

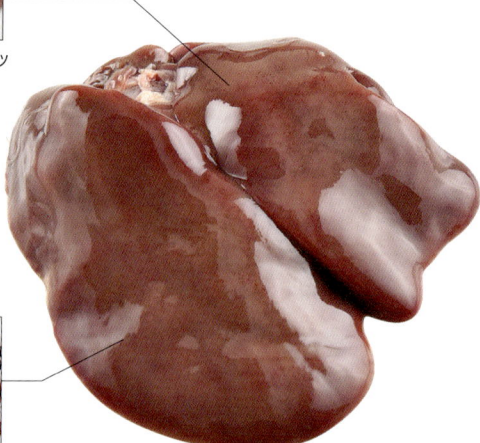

---

**コラム　お好みはどのレバー？**

豚・鶏・牛いずれもビタミンAが豊富。豚は鉄分の量が多く、鶏はビタミンAがほかより多く低カロリー、牛はビタミン$B_{12}$、Cを含むので貧血予防に。過剰症を起こすので食べすぎに注意。

**安心ポイント　塩水でもみ洗い**

① 薄い塩水に30分ほど浸し、よくもみ洗いをして血抜きすることで残留してる薬剤を引き出します。
② 30秒ほど湯通しするか、臭みを取るために香味野菜やスパイスを一緒に入れてゆでましょう。

PART 3 | 肉・魚介類の保存テク

## 冷蔵保存

**保存期間：パーシャル室で1〜2週間／冷蔵室で1〜2日**

### 保存に向かないので早めに消費を

**STEP 1 血ぬきをする（生で）**
薄い塩水でよく洗い、30分ほど水につけて血ぬきをする。途中で1〜2回水を替える。

**STEP 2 水けを拭き取る**
しっかりと水けを拭き取り、ペーパータオルで包む。ハツも同様に。

**STEP 3 紙タオル&ラップ**
空気が入らないようにラップでぴっちり包み、パーシャル室で保存。

---

## 冷凍保存

**保存期間：2〜3週間**

### 下処理&下味、加熱すれば冷凍可能

**STEP 1 牛乳とハーブで（生で）**
血ぬきをしてから牛乳にローリエなどのハーブと一緒に入れて20分ほどつける。

**STEP 2 保存袋に入れる**
取り出したまま（拭き取らずに）、冷凍用保存袋に入れて冷凍。下味をつけてもOK。

**炒めてから冷凍（加熱して）**
下処理をして炒め、冷ましてから冷凍用保存袋へ。レバニラなど調理してから冷凍も◎。

---

## 漬ける

**保存期間：冷蔵室で1週間**

### オイル漬けで臭み解消

**レバーのオイル漬け**
ゆでて冷まし、オリーブオイル、にんにく、赤唐辛子、塩と一緒に瓶に入れ2〜3日おく。

## 料理を作る

**保存期間：冷蔵室で1週間**

### ひと手間かけて保存食に

**レバーペーストを作る**
鶏、豚、牛レバーでレバーペーストを作り、密閉容器に入れて冷蔵保存。

# ひき肉

## ポイントは空気に触れさせないこと

| 栄養成分 | 保存期間 |
|---|---|
| たんぱく質、脂質、ビタミンA、B群を含み栄養価が高い。肉の種類によって効能も豊富。 | 下味をつけるか調理して冷凍で **2〜3週間** |

冷蔵 ○　冷凍 ○　常温 ✗　漬ける ○　干す ✗

〈選び方〉

**牛ひき肉**
鮮やかな赤色で、ツヤがよい

**豚ひき肉**
キレイなピンク色で、ツヤがよい

**鶏ひき肉**
薄いピンク色で、ツヤがよい

---

**コラム　用途に合ったひき肉をチョイス**

豚・鶏・牛は種類や部位によって効能が異なる。豚はビタミン$B_1$の含有量がダントツ、鶏は必須アミノ酸が豚や牛より多く、牛は鉄分が多い。また、栄養素も部位によって異なる。

**安心ポイント　自分でひき肉に！**

① 市販のひき肉は脂などを添加している場合があるので、かたまり肉を自分で刻むのが一番安心です。
② ドリップが出ているものは時間が経って鮮度が落ちているのでドリップが出てないものを選びます。

## 冷蔵保存

**保存期間：パーシャル室で1〜2週間／冷蔵室で1〜2日**

### ペーパータオルとラップで密閉冷蔵

**STEP 1　水分を拭き取る**（生で）
購入後、パックから出して、ペーパータオルで水分を拭き取る。

**STEP 2　紙タオルで包む**
余分な水分を抑え酸化防止のため、ペーパータオルで包む。

**STEP 3　ラップでぴっちり**
空気が入らないようにラップでぴっちり包み、パーシャル室へ。

---

## 冷凍保存

**保存期間：2〜3週間**

### 下味をつけるか、そぼろにして冷凍

**下味&小分けにして**（味つきで）
塩、こしょうで下味をつけ、小分けにしてラップでぴっちり包み冷凍用保存袋に入れる。

**STEP 1　そぼろを作る**（加熱して）
酒、塩、しょうがなどで味つけし、そぼろを作る。砂糖としょうゆやみそ味もおすすめ。

**STEP 2　ラップでぴっちり**
冷めたら小分けにしてラップで包み冷凍用保存袋へ。

---

### memo

**ひき肉は傷みやすい肉ナンバー1**

空気に触れる面積が多いひき肉は、傷みやすく味がすぐに落ちてしまいます。かたまり肉や厚切り肉に比べると酸化しやすいので、冷凍するときはなるべく下味をつけるか加熱調理をしてから保存するのがおすすめ。そぼろだけではなくハンバーグなど成形してから冷凍すると便利です。冷凍するときは、金属トレイの上にのせて急速冷凍が◎。

食肉加工品

| 栄養成分 | 賞味期限 |
|---|---|
| 筋肉をつくるたんぱく質やビタミンB群、脂質などを含み、お手軽に栄養補給ができる。 | 冷蔵室で**2週間〜1カ月半** |

冷蔵 ○　冷凍 ○　常温 ×　漬ける ×　干す ×

# 食肉加工品
## 酢や酒で表面を拭くと長もち

〈選び方〉

**ハム**

脂肪が少なく、きめが細かい

ドリップが出ていない

**ベーコン**

赤身と脂肪の層がキレイに重なっているものが上質

**ソーセージ**

変色していないもの。表示を見て添加物が少ないものを選ぶ

PART 3 | 肉・魚介類の保存テク

## 冷蔵保存

**ハム** 開封したら密閉して冷蔵室へ

保存期間：開封後、冷蔵室で2〜3日

**STEP 1 酢で拭く（生で）**
酢または日本酒を含ませたペーパータオルで表面を拭き、殺菌効果でぬめりを防止。

**STEP 2 ラップでぴっちり包む**
空気が入らないようにラップでぴっちり包み、ポリ袋に入れる。

**memo 酸化防止のコツは密閉保存**
開封したら密閉して冷蔵室に入れて保存。ベーコンやソーセージも同様に保存して。

---

## 冷蔵保存

**ベーコン** 脂が多く酸化しやすいので注意

保存期間：開封後、冷蔵室で2〜3日／加熱処理後、冷蔵室で1週間

**かたまりのままラップ（生で）**
ハムと同様に表面を拭き、ラップでぴっちり包み、保存袋に入れる。スライスも同様。

**STEP 1 カリカリに焼く（焼いて）**
かたまりのベーコンであれば1cm厚さぐらいに切り、カリカリになるまで焼く。

**STEP 2 ラップに包んで**
冷めたら使いやすい枚数に分けてラップで包み、保存袋に入れる。

---

## 冷蔵保存

**ソーセージ** 開封後は雑菌の繁殖を防ぐこと

保存期間：開封後、冷蔵室で1週間

**STEP 1 酢で拭く（生で）**
酢または日本酒を含ませたペーパータオルで表面を拭き、殺菌効果でぬめりを防ぐ。

**STEP 2 ラップでぴっちり**
空気が入らないようにラップでぴっちり包み、ポリ袋に入れる。

**memo ぬめりの正体は雑菌！**
ハム同様表面に生じるぬめりは、雑菌の繁殖によるもの。開封したら殺菌効果のある酢や酒で表面を拭く。

食肉加工品

## ソーセージ

**冷凍保存** 保存期間 1カ月

生で

**保存袋で密封**
ハムと同様に表面を拭き、1本ずつラップで包み、冷凍用保存袋に入れて密閉して冷凍。

## ハム

**冷凍保存** 保存期間 1カ月

生で

**ラップで包んで急冷**
酢または日本酒を含ませたペーパータオルで表面を拭き、1枚ずつラップでぴっちり包む。

## ベーコン　ベーコンはラップ＆アルミホイルで冷凍保存

**冷凍保存** 保存期間 1カ月

**STEP 1** 生で
**ラップで包む**
スライスベーコンはラップにはさみながら、たたむ。ブロックベーコンはラップで包む。

**STEP 2**
**ホイルで包む**
さらにアルミホイルで包んで酸化と乾燥を防ぐ。

》 **おいしい解凍法**

**冷蔵室で自然解凍**
解凍はできれば前日から冷蔵室に移し、時間をかけて解凍するのがよい。

---

**コラム　朝食やお弁当に大活躍！**

子供から大人まで手軽に栄養補給ができる食肉加工品。加工方法や添加物の有無で保存期間も異なるが、どれも開封後は傷みやすく風味も落ちるので、密閉保存することがポイント。

**安心ポイント　さっとゆでる**

① 発色剤が使われていることがあるので、購入するときに原材料名に記載の添加物を確認しましょう。
② さっと湯通ししたり、酢や日本酒で表面を拭くようにすると添加物が減少するので安心。

> COLUMN
>
> 食品保存の科学
> **2**

# どうして食中毒になるの？

近年は温暖化の影響もあり、夏場だけでなく年間を通して食中毒の危険性が高まっています。その食中毒の原因となるのは、もともと自然界に存在するカビや細菌などの微生物。微生物が付着した食材を摂取し、体内でそれが増殖して食中毒を引き起こしてしまうのです。では、食材に付着した微生物の増殖を防ぐにはどうすればよいのでしょう。それは、食材をできるだけ空気に触れないように、清潔で涼しい場所で保存すること。冷蔵庫は低温で微生物の活動を抑え、腐敗を遅らせるのにもってこいなのです。ただし、詰め込みすぎると冷気が行き届かないのでNG。また、食中毒を予防するための3大原則を理解しておくことも重要です。「清潔を保つ」「すばやく冷却、乾燥させて細菌を増やさない」「加熱殺菌する」、この3つが食中毒予防のポイントとなります。

# 一尾魚

買ってきたら、すぐに下処理をして保存を

| 旬 | 栄養成分 | 保存期間 |
|---|---|---|
| 春〜夏<br>（3〜7月）<br>1 2 3 4 5 6 7 8 9 10 11 12 | たんぱく質と脂肪のバランスがよく、健康維持に効果的。不飽和脂肪酸のDHA、EPAが豊富。 | パーシャル室で<br>1〜2週間 |

冷蔵 ○ 　冷凍 ○ 　常温 ✕ 　漬ける ○ 　干す ○

## あじ

冷蔵、冷凍以外に干して保存を

〈選び方〉
- 目が澄んでいる
- 皮が銀色に光っている
- エラが鮮やかな紅色でキレイ
- 腹ワタ部分を押すとハリがある
- ぜいごがしっかりしている

| 旬 | 栄養成分 | 保存期間 | |
|---|---|---|---|
| **夏**<br>（6～8月）<br>1 2 3 4 5 6 7 8 9 10 11 12 | 不飽和脂肪酸のDHA、EPAが多く脳神経の働きをサポート。 | パーシャル室で<br>**1～2週間** | 冷蔵 ○　冷凍 ○<br>常温 ✕　漬ける ○<br>干す ○ |

# いわし

### 煮魚、酢じめなどにして保存

〈選び方〉
- 目が澄んでいる
- 黒い斑点がはっきりとしている
- 皮のうろこが落ちずに銀色
- エラが鮮やかな紅色でキレイ
- 腹ワタの部分を押すと弾力がある

---

**コラム　噂のDHA、EPAの効能は？**

DHA、EPAは、中性脂肪値やコレステロール値を低下させ、血液をサラサラにする効果があり、動脈硬化予防、認知症予防にも効果的。また、子供の成長期に大事な栄養素がたっぷり含まれている。

**安心ポイント　さばいたら、よく洗う**

① 頭、内臓、うろこ、エラには薬剤、有機水銀などが残留している可能性があるので取り除きます。
② 寄生虫は加熱すると死滅。また、マイナス20℃で1日おいても死滅するので冷凍保存もおすすめ。

一尾魚

## 冷蔵保存

**保存期間:** パーシャル室で1〜2週間／冷蔵室で2〜3日

### 頭、内臓を取り、水けを拭いて冷蔵

**STEP 1　生で　頭、内臓を取って洗う**
頭、内臓、ぜいご、うろこを取り除いて水でよく洗う。買ってきたら、すぐに下処理を。

**STEP 2　水けをしっかりと拭く**
水けをしっかりと拭き取る。腹の内側も忘れずに拭き取ること。

**STEP 3　ラップ&保存袋で**
1尾ずつラップでぴっちりと包み、冷凍用保存袋に入れてパーシャル室に保存。

## 冷凍保存

**保存期間:** 2〜3週間

### 冷凍するときは三枚おろしor調理してから

**生で　三枚おろしで冷凍**
三枚おろしにし、氷水にくぐらせてラップで1枚ずつ包み、冷凍用保存袋に入れる。

**焼いて　焼き魚にして冷凍**
焼いてから骨をはずし、身をほぐす。小分けにしてラップで包み、冷凍用保存袋に入れる。

**調理して　煮魚にして汁ごと**
煮魚は汁ごと冷凍用の保存容器や袋に入れれば冷凍できる。解凍するときも煮汁ごとでOK。

---

### ≫ おいしい解凍法　自然解凍・凍ったまま調理

**解凍時の温度に注意**
急激な温度変化はドリップが出やすく風味を落としてしまうので、冷蔵室に移して自然解凍するのがベスト。急ぐときは、流水解凍でもおいしく解凍できますが季節によってはNG。夏場の水道水は意外と水温が高めなので注意が必要です。

**凍ったまま調理も**
三枚おろしにしたものや干物など厚みがないものは、凍ったままグリルで焼いたり、フライパンで調理してもOK。いわしなどは身が崩れやすいので、細かくたたいて酒、塩、しょうが汁で味つけし、団子状にして冷凍すると◎。つみれ汁に。

PART 3　肉・魚介類の保存テク

## 漬ける

### 酢で保存性アップ

**保存期間**
冷蔵室で **3日**

**酢じめにする**
おろした魚に酢をふりかけ5分おき、白っぽくなったら、骨と皮を取り除いて完成。

## 干す

### 干物にして保存

**保存期間**
冷蔵室で4日
冷凍室で1カ月

**ザルにのせて干す**
魚は下処理をして腹を開いてよく洗って塩水につけ、水けを拭き取りザルにのせて干す。

---

## COLUMN　海藻の保存

### 昆布（乾燥）

#### 常温保存
**保存期間（開封後）**
冷暗所で **10カ月**

**切って保存**
使いやすい大きさに切って、密閉容器に入れて常温保存。

**memo　乾燥剤と一緒に**
湿気ると風味が落ちるので、乾燥剤と一緒に保存。夏場は保存袋に入れて密封して冷蔵か冷凍。

#### 冷蔵保存
**保存期間（開封後）**
冷蔵室で **10日**

**保存袋で**
開封後は保存袋に入れて密閉して冷蔵。冷凍もできる。

**memo　冷凍もOK**
塩蔵わかめはそのまま冷凍してもOK。乾燥わかめは基本常温保存ですが、夏場は冷蔵保存で。

### わかめ（塩蔵）

切り身魚

| 旬 | 栄養成分 | 保存期間 |
|---|---|---|
| **夏　秋**<br>（5〜7月）（9〜11月）<br>1 2 3 4 5 6 7 8 9 10 11 12 | 脂質が少なくたんぱく質が豊富。旨味成分のアミノ酸は代謝を促進させるなど健康維持に効果的。 | パーシャル室で<br>**1〜2週間** |

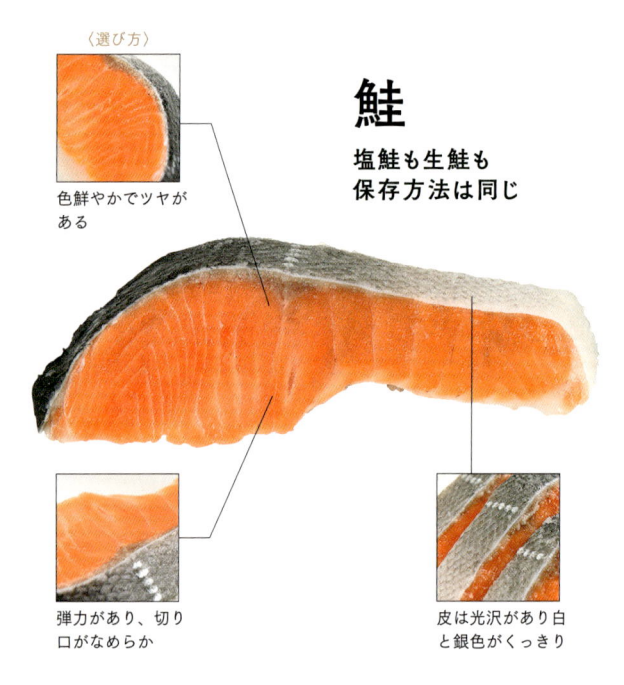

冷蔵 ○　冷凍 ○　常温 ✕　漬ける ○　干す ✕

# 切り身魚
## 汚れと水けをよく拭き取って保存

〈選び方〉

**鮭**
塩鮭も生鮭も保存方法は同じ

- 色鮮やかでツヤがある
- 弾力があり、切り口がなめらか
- 皮は光沢があり白と銀色がくっきり

### コラム　切り身でかんたん時短調理

手間なく調理できる切り身魚。そのまま使うだけでなく、ひと口大にカットしてから調理すると火の通りが早く、崩れにくい。また、切り身魚の盛りつけは、皮を向こう側に身が厚い方を左に。

### 安心ポイント　さっと湯通しする

① 汚染物質や生臭さを取り除くため、熱湯をかけたり、さっと熱湯にくぐらせます。
② みそ漬けや粕漬けにすると、薬剤が溶解します。焼くときには表面についているみそや酒粕を拭いて。

PART 3 | 肉・魚介類の保存テク

| 旬 | 栄養成分 | 保存期間 | |
|---|---|---|---|
| **春**（4～5月） | 白身魚の中でもDHAやEPAが豊富で血液をサラサラに。 | パーシャル室で **1～2週間** | 冷蔵 ○　冷凍 ○<br>常温 ×　漬ける ○<br>干す × |

# 鯛
### 水けをよく拭き取って保存

〈選び方〉

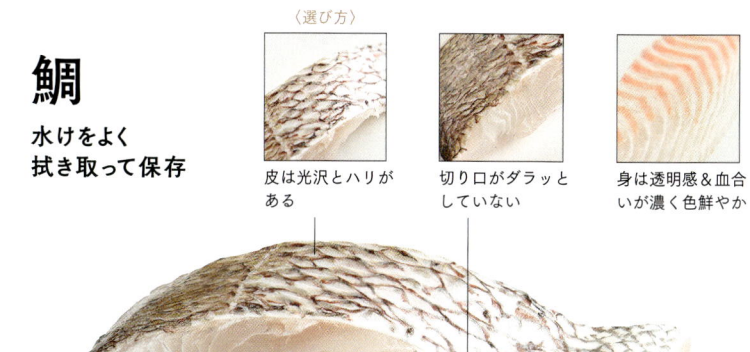

- 皮は光沢とハリがある
- 切り口がダラッとしていない
- 身は透明感＆血合いが濃く色鮮やか

| 旬 | 栄養成分 | 保存期間 | |
|---|---|---|---|
| **冬**（12～1月） | 風邪予防や粘膜を強くするビタミンA、Dが多く、疲労回復に効果が。 | パーシャル室で **1～2週間** | 冷蔵 ○　冷凍 ○<br>常温 ×　漬ける ○<br>干す × |

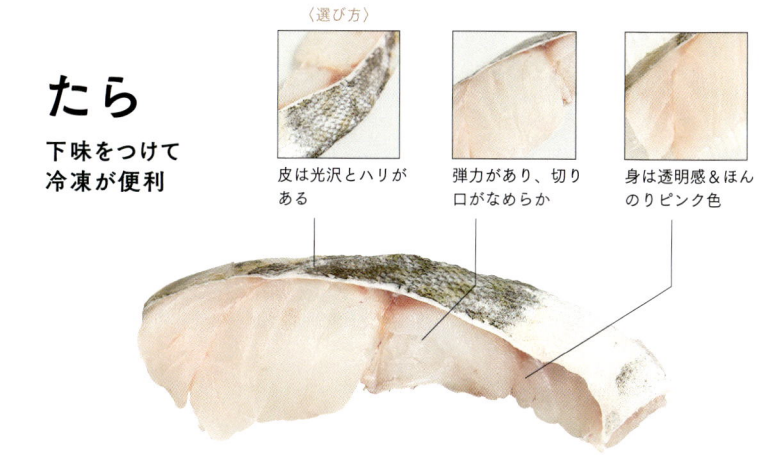

# たら
### 下味をつけて冷凍が便利

〈選び方〉

- 皮は光沢とハリがある
- 弾力があり、切り口がなめらか
- 身は透明感＆ほんのりピンク色

切り身魚

| 旬 | 栄養成分 | 保存期間 | | |
|---|---|---|---|---|
| 秋〜冬<br>(10〜12月)<br>1 2 3 4 5 6 7 8 9 10 11 12 | 不飽和脂肪酸のDHA、EPAが多く脳神経の働きをサポート。 | パーシャル室で<br>1〜2週間 | 冷蔵 ○　冷凍 ○<br>常温 ×　漬ける ○<br>干す × | |

## ぶり
### 洗うと味が落ちるのでそのまま調理

〈選び方〉

NG!　身が割れているものはNG

血合いの部分が鮮やかな色

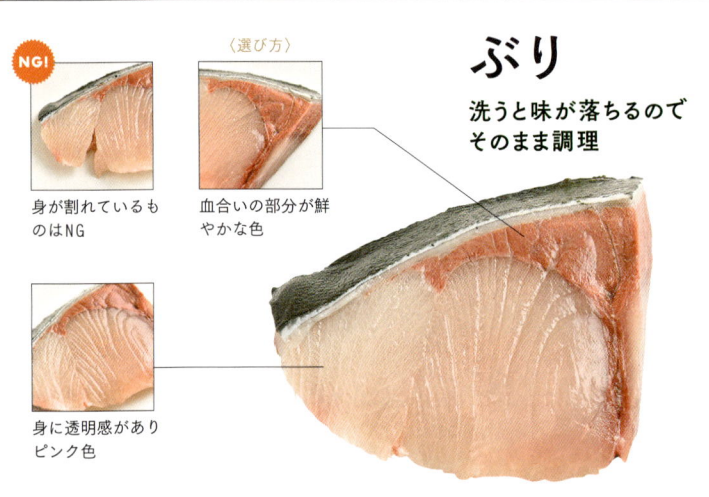

身に透明感がありピンク色

| 旬 | 栄養成分 | 保存期間 | | |
|---|---|---|---|---|
| 夏〜秋<br>(7〜9月)<br>1 2 3 4 5 6 7 8 9 10 11 12 | DHA、EPAが豊富で、良質なたんぱく質とカリウムが多く含まれ高血圧予防に効果的。 | パーシャル室で<br>1〜2週間 | 冷蔵 ○　冷凍 ○<br>常温 ×　漬ける ○<br>干す × | |

## かじき
### 身を割らないように丁寧に扱って

身は薄いピンク色で透明感がある

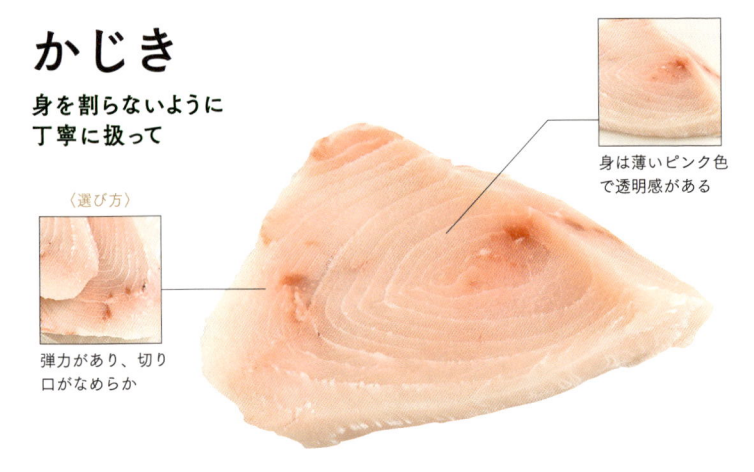

〈選び方〉

弾力があり、切り口がなめらか

PART 3 | 肉・魚介類の保存テク

## 冷蔵保存

保存期間
パーシャル室で2〜3日
冷蔵室で1〜2週間

### 水洗いは厳禁！ ペーパータオルで拭き取る

**STEP 1 水けを拭く**
切り身魚の汚れは水洗いせず、ペーパータオルで拭き取る。水けもよく拭き取ること。

**STEP 2 ラップでぴっちり**
水けをよく拭き取ったら、1枚ずつラップでぴっちりと包む。

**STEP 3 ポリ袋に入れる**
ポリ袋に入れて密閉してチルド室かパーシャル室に保存。

---

## 冷凍保存

保存期間
2〜3週間

### トレイから必ず出してから冷凍を

**STEP 1 氷水にくぐらせる**
ボウルに氷水か塩水を張り、切り身をくぐらせる。水けは拭き取らない。

**STEP 2 ラップ＆保存袋**
空気をぬくようにラップでぴっちりと包み、冷凍用保存袋に入れて急速急冷を。

**memo　トレイのまま冷蔵・冷凍はNG**
買ってきたトレイのまま保存するのはNG。水分、血、汚れが残っていて、微生物が繁殖しやすくなります。

---

## 漬ける

保存期間
冷蔵室で1週間
冷凍室で2〜3週間

### 下味をつけると保存性が高まる！

**オイル漬け**
オリーブオイル、塩、こしょう、にんにく、ハーブ、レモン汁などを合わせ、魚を漬ける。

**みそ漬け**
みそ、酒、みりんを混ぜ合わせ、魚を漬ける。水分が出てくるので長期保存するなら冷凍を。

**しょうゆ漬け**
しょうゆ、酒、みりん、しょうが（薄切りまたはすりおろし）を混ぜ合わせ、魚を漬ける。

刺身

| 旬 | 栄養成分 | 保存期間 |
|---|---|---|
| 魚介の種類による<br>1 2 3 4 5 6 7 8 9 10 11 12 | 魚によって栄養成分が多少異なるが、良質なたんぱく質を含み、健康維持をサポート。 | 購入当日中 |

冷蔵 ○　冷凍 ○　常温 ✗　漬ける ○　干す ✗

〈選び方〉

**まぐろ**
- 色鮮やかで、筋が横縞で均等
- 弾力があり、ドリップが出ていない

当日中に食べきるのが基本

**白身魚**
- ツヤがあり、身に透明感がある

### コラム　抗菌作用のあるツマと一緒に

まぐろ、さば、ぶりなどは、不飽和脂肪酸のDHAやEPAなどを効率よく摂取できる。高カロリーの魚もあるのでダイエット中の人は白身魚を。消化を助ける大根、殺菌効果のあるわさびや大葉のツマと一緒に。

### 安心ポイント　新鮮なものを

① 賞味期限間近ではなく、新鮮な刺身を購入し、当日中に食べきります。
② 解凍された刺身を購入する場合は、ドリップを確認します。トレイの底にドリップが見えるものはNG。

PART 3 | 肉・魚介類の保存テク

## 冷蔵保存

**保存期間：当日中**

### 刺身は基本的にその日に食べきる！

**ラップして保存はNG**
刺身は必ず買った当日に食べきること。食べ残しをラップで包んで保存はしない。

**余ったらしょうゆ漬け**
刺身が余ったら、しょうゆやみりんなどの調味液に漬け、翌日さっと焼いて食べる。

**memo**

**翌日への持ち越しはNG!!**
カットした刺身は、さくに比べて空気に触れる面が多いため、菌がつくなど傷みやすいので食べきりましょう。

---

## 冷凍保存

**保存期間：2〜3週間**

### 最初から冷凍されている刺身用のさくを

**生のさくの冷凍はNG**
生のものは流通過程で時間が経っているので、最初から冷凍してあるものを購入。

**memo**

**よく切れる包丁を用意**
刺身を切るときは、刺身の組織を潰さないようにスッと切るために、できるだけ刃の長い包丁を使うと◎。

**» おいしい解凍法**

**冷蔵室で自然解凍**
前日に冷蔵室に移して一晩おき、自然解凍します。急いでいるときは流水解凍でもおいしく解凍できます。

---

## 漬ける

**保存期間：冷蔵室で2〜3日（昆布じめ）／1〜2日（調味料）**

### 漬けることで保存性アップ

**調味料につける**
しょうゆ、酒、みりんを混ぜ合わせ、刺身を漬ける。刺身が余ったら漬けるのが一番。

**昆布じめにする**
刺身と昆布で昆布じめを作り、ラップでぴっちり包んで冷蔵室へ。2〜3日保存可能。

**memo**

**昆布で酸化防止＆旨みアップ**
刺身を昆布で挟んで密閉すると余分な水分を吸収して酸化を防止。昆布の旨みが魚に移りおいしくなります。

# いか

使いやすい大きさに切り分け冷蔵または冷凍

| 旬 | 栄養成分 | 保存期間 |
|---|---|---|
| **夏**<br>(するめいか7〜9月)<br>1 2 3 4 5 6 7 8 9 10 11 12 | アミノ酸スコアが高く、たんぱく質のバランスがよい。消化率がよく、低脂肪なのでヘルシー。 | パーシャル室で<br>**2〜3日** |

| 冷蔵 ○ | 冷凍 ○ | 常温 ✕ | 漬ける ○ | 干す ○ |

〈選び方〉
- 透明感や光沢、弾力がある
- 目は澄んでいて、黒くて丸い
- 胴の表面が濃い茶色のもの

### コラム　塩辛をやわらかくするならイカスミ

捨ててしまいがちなイカスミの中には、たんぱく質分解酵素のプロテアーゼが豊富に含まれているので、塩辛を作るときにイカスミを加えることでやわらかくコクのある仕上がりに。

### 安心ポイント　冷凍する

① 内臓を取り除いて薄い塩水でよく洗う。ワタは汚染物質がたまりやすいので、食べない方が安心。
② いかの寄生虫は1日冷凍することでほぼ死滅する。生のいかを保存するときは冷凍がおすすめ。

PART 3 | 肉・魚介類の保存テク

## 冷蔵保存

保存期間：パーシャル室で1～2日／冷蔵室で2～3日

### 内臓を取り出して水洗いし、ラップに包んで保存

**STEP 1　内臓を取り出す**（生で）
いかを保存するときは、内臓と軟骨を取り出し、包丁で足の吸盤をこそげ取る。

**STEP 2　水けを拭き取る**
流水で内側も内臓などが残らないように洗い、水けをよく拭き取る。

**STEP 3　ラップに包む**
ラップでぴっちり包んでポリ袋に入れる。刺身で食べるなら当日中に食べるのが基本。

## 冷凍保存

保存期間：2～3週間

### 胴体、足、エンペラを分けて冷凍すると便利

**ラップで包む**（生で）
下処理をして胴体、足、エンペラに分け、氷水にくぐらせてラップで包み、冷凍用保存袋へ。

**ゆでて冷凍**（ゆでて）
さっとゆでて冷めたら小分けにしてラップで包み、冷凍用保存袋に入れて冷凍。

**衣をつけて冷凍**（衣つきで）
胴を輪切りにして小麦粉、溶き卵、パン粉の順に衣をつけ、冷凍用保存袋に入れて冷凍。

## 漬ける

保存期間：冷蔵室で2～3日／冷凍室で1カ月

### 調味料に漬けて保存

**しょうゆ漬けにする**
しょうゆ、酒、みりんを混ぜ合わせ、いかを漬ける。しょうがのすりおろしを入れても。

## 干す

保存期間：冷蔵室で2～3日／冷凍室で1カ月

### ザルにのせて陰干し

**水けを拭き取る**
下処理をして開き、水けを拭いてザルに広げるかネットに入れて1日ほど陰干しする。

# えび

頭や背ワタを取り除いて冷蔵または冷凍

| 旬 | 栄養成分 | 保存期間 |
|---|---|---|
| 秋〜春<br>(10〜5月) | 高たんぱく、低脂肪、ビタミンEが豊富。タウリンを含み、疲労回復、老化防止などにも効果的。 | パーシャル室で<br>2〜3日 |

冷蔵 ○  冷凍 ○  常温 ✕  漬ける ○  干す(小えび) ○

## 有頭えび
傷みやすい頭を取り除く

〈選び方〉
頭のみそや尾が黒ずんでいない

## 無頭えび
背ワタを取ってから冷凍

殻が透き通っている

## むきえび
氷水にくぐらせて冷凍を

透明感があって形がしっかり

PART 3 　肉・魚介類の保存テク

## 冷蔵保存

### みそが入っている頭は傷みやすいので取り除く

保存期間
パーシャル室で2〜3日
冷蔵室で1〜2日

**STEP 1 水分を拭き取る**
買ってきたらトレイから出して、ペーパータオルで水分を拭き取る。

**STEP 2 頭つきは取る**
有頭えびは、傷みやすい頭を取り除く。そのまま引っ張って背ワタを取り除く。

**STEP 3 ポリ袋に入れる**
下処理をしたら、ポリ袋などに入れて密閉し、パーシャル室に入れる。

## 冷凍保存

### 背ワタを取り、フライ衣をつけて冷凍すると便利

保存期間 2〜3週間

**STEP 1 洗って背ワタを取る**
塩水で洗って汚れを落とし、冷凍する前に背ワタを取り除いておく。

**STEP 2 冷凍用保存袋へ**
氷水にくぐらせ、冷凍用保存袋や密閉容器に入れて冷凍。むきえびも同様にして冷凍して。

**フライ衣をつける**
小麦粉、溶き卵、パン粉の順に衣をつけ、冷凍用保存袋に入れて冷凍。凍ったまま揚げる。

---

**コラム　丸ごと食べて老化防止**

外殻に含まれる不溶性食物繊維のキチン質は免疫力強化作用が、赤い色素のアスタキサンチンは強力な抗酸化作用がある。みそ汁などのおいしい出汁にもなるので、冷凍保存しても◎。

**安心ポイント　背ワタを取る**

① 養殖のものは薬剤が使われている場合があるので、塩水でよく洗う。
② 頭と背ワタを取り除くこと。特に背ワタは汚染物質がたまりやすいので、しっかり取れているか確認が必要。

# ほたて

| 旬 | 栄養成分 | 保存期間 |
|---|---|---|
| 春～夏<br>（3～6月）<br>1 2 3 4 5 6 7 8 9 10 11 12 | 高たんぱく質、低脂肪。タウリンの含有量は魚介類でダントツ。疲労回復、生活習慣病予防に。 | 購入当日中 |

冷蔵 ○　冷凍 ○　常温 ✗　漬ける ○　干す ✗

**保存するなら冷凍を**

〈選び方〉

口が少し開き、触ると閉じる

貝柱が盛り上がるように立っている

## 殻つき
その日に食べきるのが基本

## 貝柱
氷水にくぐらせて冷凍が便利

身に透明感やツヤがあるもの

194

PART 3 ｜ 肉・魚介類の保存テク

## 冷蔵保存

**保存期間：当日中**

### 基本的にその日に食べきる！

**ラップで保存はNG**
ラップに包んで保存するのはNG。その日のうちに刺身や焼くなどして食べて。

**余ったら調味料漬け**
ほたてが余ったら、しょうゆやみりんなどの調味料に漬け、翌日さっと焼いて食べる。

**memo**

**翌日への持ち越しはNG**
刺身同様、翌日に持ち越すのはNG。調味料に漬けて火を通して食べるか、長期保存なら冷凍がおすすめ。

---

## 冷凍保存

**保存期間：2～3週間**

### 氷水にくぐらせて、氷の膜を作るのがポイント

**STEP 1　氷水にくぐらせる（生で）**
氷水または塩水にくぐらせる。こうすることでほたての表面に氷の膜ができて酸化を防ぐ。

**STEP 2　ラップに包む**
1つずつ、または使いやすい分量ずつラップで包み、冷凍用保存袋に入れて冷凍する。

**memo**

**再冷凍に要注意**
売っている貝柱には「解凍」と書いてあるものも。再冷凍しないように気をつけましょう。

---

### コラム　1日1個で十分な栄養素

豊富に含まれるタウリンは1日1個で必要摂取量に十分なほど。タウリンは水溶性なので、煮物にする場合は煮汁も残さず汁ごと食べるように。また、老廃物の排出を促すアスパラギン酸も豊富。

### 安心ポイント　ウロは食べない！

① 殻つきのものは、ウロといわれる中腸線に毒物がたまっている可能性があるので絶対に食べてはいけません。
② 食中毒が心配なら、生食は避けて中心部までしっかりと加熱を。

あさり・しじみ

| 旬 | 栄養成分 | 保存期間 | 冷蔵 ◯ | 冷凍 ◯ |
|---|---|---|---|---|
| 春〜夏<br>（3〜6月）<br>1 2 3 4 5 6 7 8 9 10 11 12 | タウリンが豊富で疲労回復に。旨味成分のコハク酸が多い。 | 冷蔵室で<br>2〜3日 | 常温 ✕<br>干す ✕ | 漬ける ◯ |

## あさり

砂ぬきをしてから
冷蔵または冷凍保存を

〈選び方〉

口がしっかり閉じている

塩水に入れると水管を出す

粒がふっくらで
大きさが同じ

| 旬 | 栄養成分 | 保存期間 | 冷蔵 ◯ | 冷凍 ◯ |
|---|---|---|---|---|
| 夏〜秋<br>（7〜9月）<br>1 2 3 4 5 6 7 8 9 10 11 12 | メチオニンが多く、肝機能に働いて黄疸に効果的。 | 冷蔵室で<br>2〜3日 | 常温 ✕<br>干す ✕ | 漬ける ◯ |

## しじみ

冷凍したら
凍ったまま調理を

〈選び方〉

粒がふっくらで
大きさが同じ

**安心ポイント**

砂抜きして
よく洗う

① 薄い塩水につけ、30分ほど冷暗所においてしっかり砂を吐かせます。

② 殻同士をこすり合わせるように真水で洗い、泥や汚れ、ぬめりを取ります。

PART 3 ｜ 肉・魚介類の保存テク

## 冷蔵保存

保存期間：冷蔵室で2〜3日

### あさりとしじみの砂ぬきはしっかりと

**あさりの砂ぬき**
3％濃度の塩水につけ30分ほど冷暗所で砂ぬきをし、冷蔵室に入れる。

**しじみの砂ぬき**
ボウルにしじみと1％くらいの塩水を入れ、30分ほど冷暗所で砂ぬきし、冷蔵室に入れる。

**水を取り替える**
鮮度を保つためには、毎日塩水を取り替えること。2〜3日ぐらいもつ。

## 冷凍保存

保存期間：2〜3週間

### 砂ぬきして氷水につける

**STEP 1　生で**
**氷水につける**
氷水につけ、ザルにあげてから冷凍。表面に氷の膜ができるので酸化を防ぐ。

**STEP 2**
**保存袋に入れる**
殻つきのまま冷凍用保存袋に入れ、空気をしっかりぬいて密閉する。

》 おいしい解凍法

**凍ったまま調理・自然解凍**

殻つきのものも、むき身のものも、凍ったまま調理しましょう。みそ汁に入れたり、酒蒸しなどにして。

## 冷凍保存

保存期間：2〜3週間

### むき身は一度さっと熱湯をかけてから冷凍

**STEP 1　湯通し**
**熱湯をかける**
むき身はザルに入れ、熱湯をさっとかけて冷ます。

**STEP 2**
**保存袋に入れて**
ラップでぴっちり平らく包み、冷凍用保存袋に入れて冷凍。そのまま保存袋に入れても。

**memo**

**むき身も砂ぬきをしっかりと**

殻から身をはがし取るときは、砂ぬきをしっかりとしてからが原則。オイスターナイフなどがあると便利。

かば焼き・しらす

| 旬 | 栄養成分 | 賞味期限 |
|---|---|---|
| **通年**<br>（天然は7〜9月）<br>1 2 3 4 5 6 7 8 9 10 11 12 | ビタミンA、B₂が豊富でスタミナ満点、滋養強壮、視力回復にも効果的。夏バテ解消にも。 | 冷蔵室で真空パックなら<br>**3〜4週間** |

冷蔵 ○　　冷凍 ○　　常温 ✕　　漬ける ✕　　干す ✕

# うなぎのかば焼き

〈選び方〉

焼き加減がちょうどよいもの

幅が広くふっくらして身が厚い

**たれが漏れないように保存を**

## 冷凍保存　保存期間 1ヵ月

**冷凍用保存袋**
ラップでぴっちり包んで、冷凍用保存袋に入れて冷凍。

## 冷蔵保存　保存期間 開封後 2〜3日

**ラップでぴっちり**
ラップでぴっちりと包み、たれの漏れ防止にポリ袋に入れて保存。

» **おいしい解凍法**　冷蔵室で自然解凍
前日に冷蔵室に移して自然解凍を。時間がないときは電子レンジ解凍でもOK。

**安心ポイント**　信頼できるお店で

海外で育てたものを1日でも日本国内で養殖すれば、国産産と表示することができます。まずは信頼できるお店で選ぶこと。

**コラム**　過剰摂取に気をつければOK

基本的に真空パックなら常温保存も可能。また、レチノールという動物性ビタミンAの過剰摂取を控えるため、特に妊娠初期は食べすぎに注意。

PART 3 | 肉・魚介類の保存テク

| 旬 | 栄養成分 | 保存期間 |
|---|---|---|
| 春　秋<br>(3〜5月) (9〜10月) | 丸ごと食べられカルシウム補給に最適。また、カルシウムの吸収を助けるビタミンDも含む。 | パーシャル室で<br>1週間 |

冷蔵 ○　冷凍 ○　常温 ✕　漬ける ○　干す ○

# しらす干し

**冷凍または干して保存性を高める**

〈選び方〉

身がふっくらとしているもの

**NG!**
折れたり、黄ばんでいるものはNG

### 冷凍保存　保存期間 2〜3週間

**小分けにして冷凍**
小分けにしてラップでぴっちり包むか、冷凍用保存袋に入れて密閉。

### 冷蔵保存　保存期間 パーシャル室で1週間

**密閉容器に入れる**
トレイから取り出し、密閉容器か保存袋に入れて密閉。

» **おいしい解凍法**　凍ったまま調理
しらす干しはすぐに解凍されるので、凍ったまま調理を。あえ物や炒め物などに。

**安心ポイント**　ゆでて塩抜きを

高血圧予防や離乳食など塩分量が気になる場合は、ゆでて塩抜きを。塩抜きするなら熱湯をかけるより湯がいた方が殺菌作用があります。

**コラム**　ザルに広げて干せばより長もち！

ザルに広げて、好みのかたさになるまで天日干しを。旨みと歯ごたえが増し長期保存も可能に。干すときは、網などで覆い虫の侵入に気をつけて。

魚卵

| 旬 | 栄養成分 | 保存期間 |
|---|---|---|
| **秋**<br>（9〜11月）<br>1 2 3 4 5 6 7 8 9 10 11 12 | ビタミンA、B₁₂、D、Eとビタミン類が豊富。DHA、EPAも含まれ疲労回復や美容にも効果的。 | パーシャル室で<br>**1週間** |

| 冷蔵 ○ | 冷凍 ○ | 常温 × | 漬ける ○ | 干す × |

# いくら
しょうゆ漬けや塩漬けにして

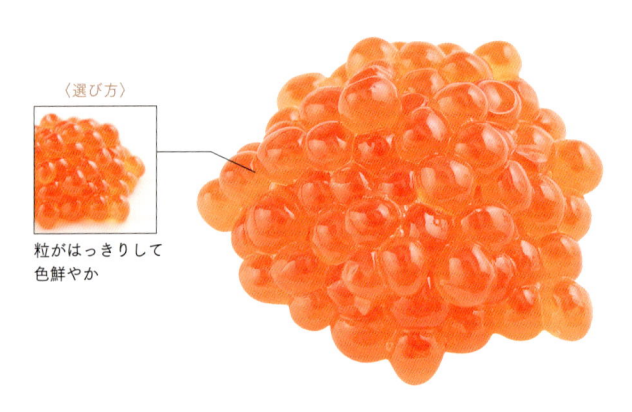

〈選び方〉
粒がはっきりして色鮮やか

**冷凍**保存　保存期間 **3カ月**

生で

**アルミカップに入れて**
アルミカップに小分けにして、保存容器などに入れて冷凍。

**冷蔵**保存　保存期間 パーシャル室で **1週間**

生で

**しょうゆ漬けにする**
生のいくらやすじこは買ってきた日にしょうゆ漬けや塩漬けにして。

» おいしい解凍法　**冷蔵室で自然解凍**
前日に冷蔵室に移して自然解凍する。アルミカップなら使う分だけ取り出せる。

**安心ポイント**　天然いくらが◎

人工のいくらは、魚卵が使われていないことが多く、食品添加物が使われている可能性があるので食べないように。天然のいくらが安心です。

**コラム**　天然いくらの見分け方

天然物のいくらは熱湯をかけると、いくらに含まれるたんぱく質が変化し白濁するので、気になる場合は数粒取り出して実践してみて。

PART 3 | 肉・魚介類の保存テク

| 旬 | 栄養成分 | 保存期間 |
|---|---|---|
| **冬**<br>(11〜2月)<br>1 2 3 4 5 6 7 8 9 10 11 12 | ビタミンA、B群、Eが豊富。老化防止、抗酸化作用に効果的。塩分量、コレステロール値に注意。 | 冷蔵室で<br>**1週間** |

| 冷蔵 ◯ | 冷凍 ◯ | 常温 ✕ | 漬ける ◯ | 干す ✕ |

# たらこ

〈選び方〉
透明感があり皮が破れていない

## 1本ずつラップで包んで冷凍が便利

### 冷凍保存　保存期間 1〜3カ月

**生で**

**ラップでぴっちり**
1本ずつラップで包んでから冷凍用保存袋に入れて冷凍。

### 冷蔵保存　保存期間 冷蔵室で1週間

**生で**

**保存容器に入れて**
パックから取り出し、軽く水けを拭いて保存容器に入れて保存。

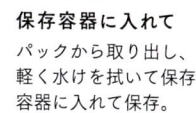

» おいしい解凍法　**自然解凍・半解凍**
前日に冷蔵室に移して自然解凍を。炒め物には、電子レンジで半解凍にしても。

**安心ポイント**　成分表示を確認

生ものなので早めに食べきります。しっかりと焼いても◎。無添加・無着色と表示されていても、発色剤や漂白剤を使っている場合もあります。

**コラム**　見た目重視はリスクあり？

発色剤は卵の色を同じにするため、漂白剤は血管を薄くするために使用。無添加のものは発色も見た目もよくないが気になる場合は選ぶ目安に。

ミニ検証②

COLUMN

# えびフライを冷凍するのは揚げる前か、後か

えびフライなどの揚げ物は、衣をつけて冷凍して、食べる前に揚げるのが◎。揚げたものを冷凍すると冷凍焼けを起こし、解凍したときに酸化してしまった油のニオイがキツくなってしまいます。見た目もギトギトして、食感も風味も落ちてしまうので×。衣をつけた状態で冷凍すれば、解凍せずにそのまま揚げられ、風味もそのままプリプリした食感が味わえます。ただし、揚げるときは、油の温度が高いと外だけ焦げて中は冷たいままということになるので、160℃位の低めの温度に調整して揚げましょう。

Before

〈保存方法〉
フライ衣をつけて揚げずに冷凍

After（1カ月後）

OK!

冷凍臭くなくて
サクサクおいしい！

# PART 4

\目からウロコの！/

# 卵・乳製品・大豆製品・加工品
## の保存テク

細菌の繁殖を抑え、しっかりとした衛生管理を心がけたい食材類。温度変化を避け、賞味期限に気をつけながら〝アッと驚く保存テクニック〟をご紹介します。

Preservation technique of eggs, dairy products, soy products and processed products.

卵・乳製品・大豆製品の保存徹底検証①

## Q 卵の保存、どれが正解?

### B パックのまま奥に保存

〈保存方法〉
パックのまま冷蔵室の奥に保存。

▼ 2週間後

**OK!**

ほかの食品への細菌の繁殖も防げる。

○

＼ これが長もち！ ／

### A ドアポケットに入れる

〈保存方法〉
パックから取り出してドアポケットに保存。

▼ 2週間後

**NG!**

鮮度が落ちると卵白が広がり厚みが減ってしまう。

×

＼ ドアポケットは傷みやすい！ ／

### サルモネラ菌を繁殖させないよう保存

卵の殻にはサルモネラ菌が付着していることがありますが、洗うのはNG。洗うと殻の表面のクチクラ層がはがれ、菌が侵入しやすくなります。菌をほかの食品に移さないためにもパックのまま冷蔵室の奥で保存するのがベスト。また、せっかく設けられたドアポケットの卵ケースですが、冷蔵室の開閉時に起こる振動と温度差で傷みやすくなります。

204

PART 4 　卵・乳製品・大豆製品・加工品の保存テク

## D 生卵を冷凍保存

〈保存方法〉
保存容器に卵を割り入れ、密閉して冷凍保存。

▽ 1カ月後

黄身を半解凍するなど食べ方によってはおいしい。

＼ 食感が変わってしまう ／

## C かたゆで卵にして冷蔵保存

〈保存方法〉
かたゆで卵にして殻つきのまま保存容器に入れて保存。

▽ 2〜3日後

傷みやすいので早めに食べきる。

＼ もって2〜3日…… ／

## かたゆで卵は生卵より傷みやすい

かたゆで卵は日もちするイメージがありますが、実際はゆでると傷みやすくなってしまいます。なぜなら、卵白には菌を溶かす酵素が含まれていて、ゆでることによりその酵素の働きが失われてしまうため。また、冷凍した卵は冷蔵室で半解凍し、卵白はメレンゲにすると泡立ちがよく、卵黄はモチっとした食感でクリーミーな味わいになります。

卵の特徴を知る

\ エッ！目からウロコの /
# 卵の保存ルール

毎日の食卓に身近な卵。鮮度をキープしておいしく食べるために、衛生管理と保存法をしっかり理解しておきましょう。

## 1 卵の賞味期限のこと

卵の賞味期限
= イコール
**生で食べられる期限！**

どうやって決めるのか

白身に含まれるリゾチームという酵素の働きがある期間

賞味期限が切れたら……

**炒める、焼くなど火を通す！**

### 鮮度の見分け方

新鮮な卵は、割って落としたときに卵白が広がらない。また、卵白の盛り上がりが高くプリッとしている。

**大前提は「生で食べられる期間」**

卵の賞味期限は食品衛生法に基づき、卵に付着しているかもしれないサルモネラ菌による食中毒防止の点から算出されています。つまり、白身に含まれるリゾチームという酵素の働きがある期間」が「生で食べられる期間」ということ。本当に傷んでしまう時期より早めに設定されているため、賞味期限が過ぎても食べられないというわけではありません。ただし、食べるときはしっかり加熱処理を。

## 2 パックに入れたまま保存が正解

### 卵に適した保存法と保存場所の新常識

冷蔵室のドアポケットは開閉時に起こる振動や温度差が生じるため、卵が傷みやすくなります（P.204参照）。保存するときは、卵に付着しているかもしれないサルモネラ菌がほかの食品に移らないように、パックのまま冷蔵室の奥に保存するのがベスト。また、ゆで卵にすると細菌を分解するリゾチームという酵素の働きが消滅してしまうので長もちしません。

---

#### 卵が長もちする保存法

**パックのまま**

**とがった方を下に**

卵の丸い方には気室といって空気の入った空間があり呼吸をしている。丸い方を上にして保存すると、中身に微生物が入りにくくなる。

---

#### 長もちしない保存法

**ドアポケットに入れる**
冷蔵室の開閉によって振動が伝わり、温度の変化も大きいので傷みやすい。

**洗う**
洗うことにより殻の表面のクチクラ層がはがれ、菌が侵入しやすくなる。

**ゆで卵にする**
ゆでると菌を溶かすリゾチームという酵素の働きが消滅してしまう。

卵・乳製品・大豆製品の保存徹底検証②

## Q 生クリームの保存、どっちが正解?

### A パックのまま冷凍

〈保存方法〉
未開封のままパックごと冷凍。

▼ 1カ月後

油分と水分が分離してしまう。

＼泡立たない……／

### B 泡立ててから冷凍

〈保存方法〉
砂糖を入れて泡立ててから冷凍。

▼ 1カ月後

OK!

解凍後もホイップ感そのまま。 ○

＼ふわふわホイップクリーム!／

冷凍はできるけど
泡立たない場合も

生クリームを余分に買ってしまったとき、パックのまま冷凍していませんか? パックのまま冷凍保存もできますが、乳脂肪が分離するので、泡立ちません。ケーキ用のホイップクリームとして使いたいときは、泡立てて絞り、急速冷凍したあと小分けにしてラップで包んで冷凍を。

PART 4 | 卵・乳製品・大豆製品・加工品の保存テク

卵・乳製品・大豆製品の保存徹底検証③

# Q 豆腐の保存、どっちが正解?

## A パックの水のまま冷蔵保存

〈保存方法〉
開封後、パックに入った水を替えず、ラップをかけて冷蔵保存。

5日後

NG!

水が黄色く変色し臭い。

ぬめりが出て臭い……

×

## B 毎日水を替えて冷蔵保存

〈保存方法〉
開封後、保存容器に移し替え、水を毎日取り替える。

5日後

OK!

ぬめりもニオイもなし!

こっちが長もち!

○

腐敗の原因は水。常にキレイな状態に

使いかけの豆腐をパックに入れたまま冷蔵保存することはありませんか? ラップをかけたとしても、1週間後には水は黄色くにごり、ぬめりが出て傷んでしまいます。一方、保存容器に移して毎日水を替えて保存した豆腐はおいしさそのまま。このことからも、腐敗の原因は水ということがわかります。

乳製品の特徴を知る

\ 泡立たないのはなぜ？ /
# 生クリームの保存ルール

一度になかなか使いきれない生クリーム。残ってしまったときはホイップして冷凍すればムダもなく長もちします。

## 冷凍すると泡立たない、振動もNG

### 生クリームは冷凍保存できる！

**ホイップしてから** ○
▽
**そのまま使える！**

絞って急冷したら小分けにしてラップで包むと便利。コーヒーやデザートのトッピングに。

**パックのまま** △
▽
**冷凍できるが泡立たない！**

解凍時に油脂と水分が分離するので泡立たない。その場合は料理のソースなどに使用。

### デザートなどに使う場合は泡立てて冷凍

生クリームを冷凍するときは必ずホイップして、絞るなどしてから急速冷凍し、ラップなどで包むのが◎。パックのままだと、解凍したときに油脂と水分が分離するため泡立たなくなります。また、冷蔵保存するときは保管場所に注意しましょう。冷気の強いところは凍結する可能性があり、ドアポケットは開閉時の振動でかたまることがあります。

210

PART 4 　卵・乳製品・大豆製品・加工品の保存テク

大豆製品の特徴を知る

＼腐敗の原因を考える／
# 豆腐の保存ルール

豆腐は早めに食べきるのが原則。保存する場合は、こまめにキレイな水に取り替えておいしさを保ちましょう。

## 腐敗の原因は水

長もち
### 水を1日1回は入れ替える

**OK!** 毎日水を替える ○
↓
毎日水がキレイ！
↓
5日長もち

毎日キレイな水に取り替えて長もち。取り替えるときに、ひとつまみの塩を入れても◎。

**NG!** パックの水のまま ×
↓
水が腐る
↓
豆腐が腐る！

水が黄色っぽく変色し、豆腐自体も異臭を放ちぬめりが出ていて食べられない。

### 常にキレイな水に浸すのがポイント

豆腐はその手触りと食感からもわかるように、とても繊細です。時間が経つにつれ風味が落ちてくるので、購入後は早く食べきるのがベスト。保存する場合は、パックから出して密閉容器に移し替え、キレイな水を張りましょう。毎日水を取り替えるのが鉄則。水にひとつまみの塩を入れたり、一度湯通ししてから保存するのもおすすめです。

卵

| 栄養成分 | 賞味期限 |
|---|---|
| 良質なたんぱく質とアミノ酸を含む栄養の宝庫。卵黄に含まれるレシチンは美容効果も。 | 冷蔵室で<br>**約2週間**<br>（採卵後16〜57日後） |

| 冷蔵 ○ | 冷凍 ○ | 常温 × | 漬ける ○ | 干す × |

# 卵（生卵・かたゆで卵・卵焼き）

〈選び方〉

黄身が盛り上がっているもの

白身がプリッと弾力があるもの

**雑菌が殻の中に入らないようにする**

### コラム 世界一大きいダチョウの卵

鶏卵の約30個分もあるダチョウの卵。ビタミンやミネラルなどの栄養素が豊富で健康や美容に最適。また、ウイルスの抗体を精製する研究も進められるなど、ダチョウの卵は注目を浴びている。

### 安心ポイント 賞味期限はあくまでも生食の目安

① サルモネラ菌は熱に弱く、また10℃以下では増殖しにくくなります。
② 賞味期限がすぎたらしっかり加熱調理を。割るのは調理の直前に。割ってからの長時間放置は雑菌が増殖するので注意します。

PART 4 | 卵・乳製品・大豆製品・加工品の保存テク

## 冷蔵保存

### 生の卵はとがった方を下にしてパックのまま保存

**保存期間：約2週間**

**とがった方を下に**
卵の丸い方には空気の入った気室があるので、とがった方を下に保存すると長もちする。

**パックに入れたまま**
卵の殻には菌がついていることがあるので、他の食品に移さないためにパックのまま保存。

**洗うのはNG!**
洗うと気孔が塞がって呼吸ができず、雑菌が入って腐敗の原因になるのでNG！

---

## 冷蔵保存

### かたゆで卵、卵焼きも正しく保存

**保存期間：2日（ゆで卵2〜3日）（卵焼き）**

**ゆでて**

**かたゆで卵は殻つきで**
殻をつけたまま密閉容器に入れて保存。ゆで卵にすると生卵よりも賞味期限が短くなる。

**調理して**

**卵焼きはラップで**
卵焼きは中まで完全に火を通し、冷めたらラップでぴっちり包み、保存袋に入れて保存。

**memo**

**卵焼きは翌日中に食べきって**
卵焼きは冷めたら冷蔵室に入れて早めに食べきること。半熟卵は当日中に食べて。

---

## 冷凍保存

### 冷凍卵の新食感を味わって

**保存期間：1カ月**

**生で**

**容器に卵を割り入れる**
冷凍用保存容器に卵を割り入れて密閉し、冷凍に。殻つきのまま丸ごとでもOK。

**memo**

**卵黄と卵白に分けて冷凍しても**
卵黄と卵白に分けて冷凍保存し、卵黄は半解凍で新食感のたまごかけご飯に。卵白は自然解凍を。

**» おいしい解凍法**

**冷蔵室で自然解凍**
生で冷凍した卵は、前日に冷蔵室に移して一晩おき、自然解凍。急いでいるときは、電子レンジ解凍でもおいしくできます。

チーズ

| 栄養成分 | 賞味期限 |
|---|---|
| 骨を強くするカルシウム、ビタミンA、B₂が豊富で美肌効果も期待できる健康食品。 | 冷蔵室で<br>プロセスチーズ **6カ月～1年**<br>ナチュラルチーズ **種類による** |

冷蔵 ◯　冷凍 ◯　常温 ◯（プロセスチーズ）　漬ける ✕　干す ✕

# チーズ
### それぞれのチーズに合った保存を

〈選び方〉
- 切り口がグレーがかっていたり、水滴がついているものは保存状態が悪いので避ける
- 輸入チーズは輸入日と賞味期限を確認
- カットしてあるものは色が均一で乾燥していないものを

## プロセスチーズ
**複数のナチュラルチーズを混ぜ合わせて加熱処理したもの**

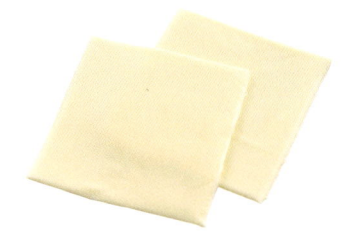

### スライスチーズ
プロセスチーズを食べやすいように、薄切りにして1枚ずつ包装したもの。

賞味期限　冷蔵室で **6～9カ月**

### プロセスチーズ（カートンタイプ）
保存性が高く、味が均一。6Pチーズ、スモークチーズもそのひとつ。

賞味期限　冷蔵室で **9カ月**

### 粉チーズ
プロセスチーズを乾燥させて粉末にしたもの。水分が少ないので長期保存できる。

賞味期限　冷暗所で **6カ月～1年**

PART 4 　卵・乳製品・大豆製品・加工品の保存テク

# ナチュラルチーズ

乳に乳酸菌と酵素を加え、発酵熟成させたもの

**カマンベールチーズ**
表皮が白カビに覆われていて、中がやわらかく濃厚でクリーミーな味わい。

賞味期限　冷蔵室で **6カ月**

**カッテージチーズ**
脂肪分が低く、あっさりした白いそぼろ状のチーズ。粒状と裏ごしのタイプがある。

賞味期限　冷蔵室で **3カ月**

**ピザ用チーズ**
ゴーダチーズやチェダーチーズなどをピザ用に細かく刻んだシュレッドチーズ。

賞味期限　冷蔵室で **3〜4カ月**

**ブルーチーズ**
青カビを使ったチーズで、塩味が強く、濃厚でインパクトのある風味が特徴。

賞味期限　冷蔵室で **1〜7カ月**

> memo **タイプいろいろ**
> チーズはフレッシュタイプ、ハードタイプ、カビタイプなどの製法があり種類も豊富。ニオイ移り、水け、乾燥に気をつけて。

チーズ・ヨーグルト

## 冷蔵保存

保存期間 **チーズの種類による**

### プロセスチーズ
**ラップで包む**
使いかけのチーズはぴっちりとラップで包み、保存袋に入れて密閉。

保存期間 開封後 2〜3週間

### スライスチーズ
**保存袋へ**
保存袋に入れ、空気をしっかりぬく。

保存期間 開封後 2週間

### ピザ用チーズ
**保存袋で密閉**
かたまりのチーズに比べ、酸化しやすいので保存袋に入れて密閉。

保存期間 開封後 1週間

## 冷蔵保存

保存期間 **チーズの種類による**

### カッテージチーズ
**密閉容器に入れる**
密閉容器に移し、しっかり蓋を閉めて保存。

保存期間 開封後 1週間

### カマンベールチーズ
**ラップに包んで冷蔵**
8等分にして1つずつラップで包み、密閉容器に入れて冷蔵。

保存期間 開封後 1週間

### ブルーチーズ
**保存袋へ**
ラップで包み、保存袋に入れて冷蔵。

保存期間 開封後 1週間

## 冷凍保存

保存期間 **1カ月**

### 冷凍用保存袋へ
**空気をぬく**
ピザ用チーズは冷凍用保存袋に入れ、ストローをさして空気をぬいて密閉。

» **おいしい解凍法**
**凍ったままほぐして調理**
ピザ用チーズはほぐしやすいのでグラタンやチーズ焼き、ピザトーストなどには凍ったまま調理を。

**memo**

**粉チーズの保存は?**
粉チーズは水分が少ないので冷暗所で長期保存が可能。湿気や温度差を嫌うので冷蔵室には入れないで。

PART 4　卵・乳製品・大豆製品・加工品の保存テク

| 栄養成分 | 賞味期限 |
|---|---|
| 乳酸菌が腸内の善玉菌を増やして腸内環境を整え、便秘解消や抵抗力を高める。美容にも効果的。 | 冷蔵室で **2週間** |

冷蔵 ○　　冷凍 ○　　常温 ✕　　漬ける ✕　　干す ✕

# ヨーグルト

**NG!** 未開封でも分離するので倒すのはNG

**NG!** 上部の水分は捨てないで

＋αでおいしく冷凍

**冷凍保存　保存期間 1カ月**

ヨーグルト＋αで
解凍後に風味が落ちるので、砂糖やホイップクリームを混ぜて冷凍。

**冷蔵保存　保存期間 開封後1週間**

蓋を閉めて立たせて
蓋をしっかり閉め、立たせて冷蔵室で保存。

》おいしい解凍法　**そのまま食べる**
凍った状態のヨーグルトは、そのままフローズンヨーグルトとして食べられる。

**安心ポイント　プレーンを選ぶ**
なるべくプレーンのものを選びましょう。増粘多糖類やスクラロース、アセスルファムKといった甘味料には気をつけましょう。

**コラム　上部にたまる水の正体は？**
たんぱく質やミネラル、ビタミンなどの栄養素が多く含まれているホエー（乳清）というもの。捨てずにかき混ぜて食べましょう。

牛乳・生クリーム

| 栄養成分 | 賞味期限 |
|---|---|
| カルシウム、たんぱく質、乳化脂肪、ビタミン類が豊富。栄養バランスが優れた健康食品。 | 冷蔵室で **約10日** |

冷蔵 ○　冷凍 △（調理したもの）　常温 ✕　漬ける ✕　干す ✕

# 牛乳

冷凍は一般的には×。調理すれば可能

**NG!** 注ぎ口に指を引っかけて開けると、そこから細菌が入って繁殖するので触れないように

### 冷凍保存　保存期間 1ヵ月
**調理して** 
**ホワイトソースに**
そのままの冷凍保存はNG。ホワイトソースにし冷凍すると便利。

### 冷蔵保存　保存期間 開封後 2〜3日
**クリップで止める**
開封後はしっかりと口を閉じ、ニオイの強いものと離して保存。

**» おいしい解凍法　冷蔵室で自然解凍**
冷凍ホワイトソースは前日に冷蔵室に移して一晩自然解凍。凍ったまま鍋に入れてもOK。

**安心ポイント　安全性に問題なし**
牛乳は生乳だけを原料に使うことが決められ、製造過程で余計なものを入れてはいけないので、添加物が入っている心配はありません。

**コラム　低温殺菌牛乳は「消費期限」**
たんぱく質とビタミンの分解を防ぐため60〜70℃で殺菌処理された低温殺菌牛乳は、耐熱性の菌が残り劣化が早いため、消費期限と表示。

PART 4 | 卵・乳製品・大豆製品・加工品の保存テク

| 栄養成分 | 賞味期限 |
|---|---|
| 動物性のものは皮膚や粘膜を守るビタミンAが豊富だが、コレステロール含有量が多い。 | 冷蔵室で **3カ月** |

冷蔵 ◯ 　冷凍 ◯（前処理したもの）　常温 ✕　漬ける ✕　干す ✕

# 生クリーム

**NG!** 保存した生クリームは変なニオイがしたり、黄色っぽくなったり、水分が出ていたら食べないで

## ホイップしてから冷凍が便利

### 冷凍保存　保存期間 1カ月　泡立てて
**ホイップしてから**
一度ホイップしてから冷凍。凍ったらラップで包むか保存容器へ。

### 冷蔵保存　保存期間 開封後1週間
**保存容器で密閉**
開封後は、保存容器に入れて密閉し、冷蔵室へ入れる。

» おいしい解凍法　**凍ったまま調理**
ホイップした生クリームはスープやコーヒーなどに凍ったまま入れる。

**安心ポイント　表示をチェック**
「クリーム」と表示されているものを選びます。「乳または乳製品を主原料とする食品」とあるのは、乳化剤や安定剤、植物性脂肪を加えたもの。

**コラム　生クリームとホイップクリーム**
生クリームは乳脂肪を18％以上含み、添加物や植物性油脂を一切含まないもの。ホイップクリームは植物性脂肪を主な原料としている。

# バター・マーガリン

カビの原因、表面につく結露に注意

| 栄養成分 | 賞味期限 |
|---|---|
| カルシウム、ビタミンA、E、Dが多く、栄養補給、骨や歯の強化、ストレスケアにも効果的。 | 冷蔵室で **6カ月** |

冷蔵 ◯　冷凍 ◯　常温 ✕　漬ける ✕　干す ✕

## バター

牛乳の乳脂肪分を撹拌操作によりかためたもの。空気や高温に弱い。

| 栄養成分 | 保存期間 |
|---|---|
| 脂質、ナトリウムなどを含む。エネルギー補給に。 | 冷蔵室で **6〜10カ月** |

冷蔵 ◯　冷凍 ✕　常温 ✕　漬ける ✕　干す ✕

**NG!** バターナイフを入れたまま保存するのはNG!! パンくずが混ざるとカビの原因に

## マーガリン

食用油脂などを混ぜて加工したもの。やわらかいのでそのままパンに。

PART 4 卵・乳製品・大豆製品・加工品の保存テク

## 冷蔵保存

**保存期間**
開封後1カ月（バター）
開封後2週間（マーガリン）

### バター

**ラップで包む**
空気に弱く、風味がだんだん落ちてくるのでラップでぴっちり包むのがポイント。

or

**アルミホイルで包む**
元々ついている銀紙やアルミホイルでもOK。無塩バターは加塩バターよりも傷むのが早い。

### マーガリン

**蓋を閉める**
使用後は蓋をしっかり閉める。黄色く変色した表面は、乾燥しているだけなので問題なし。

---

## 冷凍保存

**保存期間**
1カ月（未開封）
1カ月（小分け）

### バター　使いやすい分量に分けておくと便利

カット

**小分けしてラップ**
使いやすい分量に分け、1つずつラップでぴっちり包んで冷凍。未開封なら1年間もつ。

**memo**

**マーガリンは冷凍NG!!**
マーガリンは植物性の油脂などで製造されており、冷凍すると水分と油分が分離する。チルド室も不向き。

**》おいしい解凍法**

**冷蔵室内で自然解凍**
前日に冷蔵室に移して一晩おいて自然解凍。加熱調理のときは凍ったまま使える。

---

### コラム　紙のシートは何のため？

マーガリンの容器についている紙のシートは、開封前の空気による風味の劣化予防のためにつけられている。開封後はシートをはがしても品質に影響はない。保存時には蓋をしっかり閉めること。

### 安心ポイント　マーガリンは添加物をチェック

① バターの原料は生乳と塩のみなので安全です。塩分量が気になる人は無塩バターを。
② マーガリンは乳化剤などの添加物が入っているので、油脂含有率や原材料など表示で確認を。

豆腐

| 栄養成分 | 消費期限 |
|---|---|
| 植物性たんぱく質、脂質が多く、肥満解消、コレステロール値の低下、動脈硬化などに効果的。 | 冷蔵室で<br>**5日** |

| 冷蔵 ○ | 冷凍 △<br>（加熱したもの） | 常温 × | 漬ける ○ | 干す ○ |

# 豆腐

**木綿豆腐**
かたまった豆乳を木綿の布を敷いた型箱に入れ、脱水成型したもの。

**絹ごし豆腐**
豆乳ににがりを加えてかためたもの。やわらかく、舌触りがなめらか。

**焼き豆腐**
水きりした豆腐の表面を直火で焼き、焼き目をつけたもの。

**おぼろ豆腐**
かたまる途中のおぼろ状の豆腐。ふんわりと口当たりがなめらか。

## 毎日水を入れ替えるのが長もちの秘訣

### コラム 絹と木綿、栄養素の違いは？

木綿豆腐は水分を絞るため栄養素が圧縮され、たんぱく質、脂質などが多く含まれる反面、ビタミンB群、カリウムが流出しやすい。絹は豆乳をそのままかためるので流出はせず栄養素はそのまま。

### 安心ポイント 安全性の問題はなし

① 原料の大豆が国産であること、遺伝子組み換えでないものかを確認します。
② 凝固剤には天然・合成のものがあり、どちらも安全性に問題ありません。吹きこぼれを防止する消泡剤も心配ありません。

PART 4 | 卵・乳製品・大豆製品・加工品の保存テク

## 冷蔵保存

**保存期間 5日**

### 毎日水を入れ替えて長もち

**STEP 1 保存容器に移し替え**
パックの水を捨て、豆腐を保存容器に移し、キレイな水をひたひたに張る。

**STEP 2 水を交換する**
水を毎日交換するのが長もちさせるポイント。冷たくてキレイな水を使うこと。

**memo**

**豆腐のみそ漬け**
豆腐を水きりし、酒でのばしたみそに漬ける。2～3日すると、味がしみ込み、チーズのような食感に。

---

## 冷蔵保存

**保存期間 5日**

### 保存容器がなければ、パックのままでもOK

**STEP 1 水だけ捨てる**
パックの水は豆腐が崩れないためのものなので捨てる。

**STEP 2 キレイな水を入れる**
冷たくてキレイな水をひたひたになるまで入れる。

**STEP 3 ラップをぴっちり**
パックにキレイな水を張ったら、ラップをかけて冷蔵保存する。

---

## 冷凍保存

**保存期間 1カ月**

### いり豆腐にして保存

**STEP 1 調理して 水けをよく飛ばす**
フライパンに水けをきった豆腐を崩し入れ、水けをよく飛ばし、調味料で味つけをする。

**STEP 2 冷凍用保存袋へ**
冷ましてから冷凍用保存袋に入れ平らにして冷凍。

**》おいしい解凍法**

**自然解凍・凍ったまま調理**
冷凍いり豆腐は冷蔵室に移して一晩自然解凍を。サラダやハンバーグに。また、汁物や煮物には凍ったまま加熱でOK。

厚揚げ・油揚げ

| 栄養成分 | 消費期限 |
|---|---|
| たんぱく質、ビタミンE、カルシウム、鉄を含み、疲労回復、高血圧症、動脈硬化予防に。 | 冷蔵室で<br>3〜5日 |

冷蔵 ○　　冷凍 ○　　常温 ✕　　漬ける ✕　　干す △
　　　　　（油揚げ）

# 厚揚げ・油揚げ

開封前は袋のまま冷蔵

## 厚揚げ
水きりした豆腐をそのまま一度揚げしたもの。冷凍は不向き。

## 油揚げ
水きりした豆腐を薄切りにして脱水し、二度揚げしたもの。

**コラム　厚揚げと油揚げの違いって？**

厚揚げは水きりした豆腐を一度揚げ（180〜200℃）、油揚げは水きりした豆腐を薄切りにして二度揚げ（120℃→180℃）したもの。油で揚げてあるのでカロリーは高い。湯通しでカロリーを抑えて。

**安心ポイント　熱湯をかける**

① 原料の大豆が国産であること、遺伝子組換えでないものかを確認。
② 揚げ油に酸化防止剤を使っている場合があります。熱湯をかけるなどの油ぬきをしましょう。

PART 4 | 卵・乳製品・大豆製品・加工品の保存テク

## 冷蔵保存

保存期間 3〜5日

### 厚揚げ

**パックのまま保存**
未開封のときはパックのまま冷蔵室で保存。開封後はペーパータオルとラップで包む。

### 油揚げ 開封前は袋のまま冷蔵保存が◎

**袋のまま保存**
油揚げも未開封のときは袋のまま冷蔵室に保存でOK。

**1枚ずつ包む**
開封後は1枚ずつペーパータオルで包み、さらにラップでぴっちり包む。

## 冷凍保存

保存期間 1カ月

### 油揚げは油ぬきをして刻んで冷凍が便利！

**STEP 1**

**油ぬきする**
冷凍する前に熱湯をかけて油ぬきしておくと、調理するときにそのまま使えて便利。

**STEP 2**

**刻んで保存袋**
短冊切りなど、使いやすい大きさに切って、冷凍用保存袋に入れて冷凍。

» おいしい解凍法

**凍ったまま調理・電子レンジ解凍**

油揚げは凍ったまま調理に使える。汁物や煮物には直接加えて。もしくは電子レンジ解凍を。

---

memo

**大豆イソフラボンが豊富！**

植物性ポリフェノールのイソフラボンが多く含まれ、健康や美容に効果的。イソフラボンは女性ホルモンのエストロゲンとよく似た働きをするので、月経前症候群や更年期障害、卵巣の病気予防などに効果が期待されている。また、抗酸化作用もあるため生活習慣病予防にもサポート力がある。

# 納豆・豆乳・高野豆腐

それぞれの大豆製品に合った保存法を

| 栄養成分 | 賞味期限 |
|---|---|
| 美肌効果のあるビタミンB群が豊富。便秘解消効果も。 | 冷蔵室で **1週間～10日** |

- 冷蔵 ○
- 冷凍 ○
- 常温 ×
- 漬ける ×
- 干す ×

## 納豆

大豆を発酵させた日本独特の食品。大粒、小粒、ひきわりがある。

| 栄養成分 | 賞味期限 |
|---|---|
| たんぱく質と脂質ほか様々な栄養素を含んだ健康食品。 | 冷蔵室で **約50日** |

- 冷蔵 ○
- 冷凍 △
- 常温 ×
- 漬ける ×
- 干す ×

## 豆乳

ゆでた大豆をすりつぶし、水を加えて煮詰めた汁を漉した飲料。

| 栄養成分 | 賞味期限 |
|---|---|
| カルシウム、鉄分などを含み、貧血予防などに効果的。 | 冷暗所で **6カ月** |

- 冷蔵 ○
- 冷凍 ○
- 常温 ○
- 漬ける ×
- 干す ×

## 高野豆腐

豆腐を冷凍して解凍したのち、乾燥させたもの。別名「凍み豆腐」。

PART 4　卵・乳製品・大豆製品・加工品の保存テク

## 冷蔵保存

保存期間
(納豆) 1週間〜10日
(豆乳) 開封後4〜5日

### 納豆

**パックのまま保存**
常温だと発酵が進んでしまうため、冷蔵保存を。パックのまま冷蔵室で保存。

### 豆乳

**蓋を閉じて保存**
開封したら、しっかりと蓋を閉じて冷蔵室で保存。早めに飲みきること。

### memo

**白い沈殿物は大丈夫？**

無調整豆乳にできる沈殿物は、大豆の固形成分なので飲んでも問題なし。飲む前によく振って。

## 常温&冷蔵保存

保存期間
冷暗所で6カ月
開封後冷蔵室で1カ月

### 高野豆腐

**保存袋で密閉**
開封後はニオイの強いものを避け、保存袋に入れて冷蔵。開封前なら冷暗所で保存が基本。

## 冷凍保存

保存期間
2カ月

### 納豆

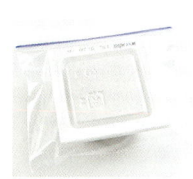

**保存袋に入れて**
ニオイが他の食品に移らないようにパックごと冷凍用保存袋に入れて冷凍。

---

**コラム　納豆は必ず自然解凍で**

冷凍した納豆は、電子レンジで解凍すると味が落ちてしまうので自然解凍すること。また、納豆は冷凍しても納豆菌はそのまま生きているため、豆が若干やわらかくなることも。

**安心ポイント　添付の調味料は使わない！**

① 納豆は、付属のたれに添加物が使われている場合が多く、家庭の調味料で味つけした方が安心です。
② 調整豆乳は添加物を使っているため、なるべく無調整豆乳を選びましょう。

# 練り製品

真空包装なら日もち可能

| 栄養成分 | 賞味期限 |
|---|---|
| たんぱく質、カルシウムが多く、低脂肪でダイエットに◎。 | 冷蔵室で1〜2週間 |

- 冷蔵 ○
- 冷凍 ✕
- 常温 ✕
- 漬ける ✕
- 干す ✕

## ちくわ

スケトウダラのすり身を竹などの棒に巻きつけて焼いたもの。

| 栄養成分 | 賞味期限 |
|---|---|
| 高たんぱくな上、蒸しているので低脂肪、低カロリーで安心。 | 冷蔵室で1〜2週間 |

- 冷蔵 ○
- 冷凍 ✕
- 常温 ✕
- 漬ける ✕
- 干す ✕

## かまぼこ

スケトウダラのすり身に味をつけて練って成形し、蒸し上げたもの。

PART 4 卵・乳製品・大豆製品・加工品の保存テク

## さつま揚げ

スケトウダラのすり身にねぎ、にんじんなどの具材を加え、味をつけて成型して揚げたもの。

**栄養成分**
たんぱく質、カルシウムも多いが、揚げ物なのでカロリーは高め。

**賞味期限**
冷蔵室で **6日**

- 冷蔵 〇
- 冷凍 ✕
- 常温 ✕
- 漬ける ✕
- 干す ✕

## はんぺん

スケトウダラなどのすり身に山芋を加え、蒸しかためたもの。

**栄養成分**
たんぱく質が豊富で低脂肪。お年寄りや子供の栄養補給に。

**賞味期限**
冷蔵室で **1週間**

- 冷蔵 〇
- 冷凍 ✕
- 常温 ✕
- 漬ける ✕
- 干す ✕

---

**コラム　意外と食べているスケトウダラ**

鮮魚としてはなじみはないが、スケトウダラは練り製品やたらこ、明太子の原料として大量に使われている。マダラに比べて質感や旨みは劣るが、食べている量はマダラには劣らないと言える。

**安心ポイント　賞味期限や表示を確認**

① 添加物が気になる場合は、成分表示をよく確認してから購入しましょう。
② かまぼこの着色料（赤）が気になる場合は、白を選びましょう。

練り製品・こんにゃく

## 冷蔵保存

**保存期間**
ちくわ…1〜2週間
開封後1〜2日
さつま揚げ…6日
開封後2〜3日

### ちくわ

**パックのまま保存**
パックのままで1週間ほどだが、真空包装のものは2週間ぐらいもつ。

**ラップで包む** (カット)
開封後はラップでぴっちり包んで冷蔵室に保存。1〜2日で食べきること。

### さつま揚げ

**ポリ袋で密閉**
開封後はポリ袋などに入れて密閉。さつま揚げは一度揚げているのでほかの練り物よりもつ。

## 冷蔵保存

**保存期間**
はんぺん…1週間
開封後1〜2日
かまぼこ…1〜2週間
開封後1〜2日

### はんぺん

**ラップで包む** (カット)
開封後はラップで包み、ポリ袋や保存袋に入れる。1〜2日で食べきること。

### かまぼこ

**真空包装のまま**
真空包装のまま冷蔵保存。保存期間は2週間。ケーシング詰(※)だと1カ月もつものも。

**ラップで包む** (カット)
開封後はラップでぴっちり包み、冷蔵保存を。傷みやすいので1〜2日で食べきる。

---

### memo

**練り製品は冷凍はNG**

練り製品は業務用の冷凍室なら冷凍も可能ですが、家庭の冷凍室での冷凍はおすすめできません。もともとの弾力がなくなるどころか、食感も悪くなり、全体的に水っぽくなります。余った分は冷蔵して早めに食べきることが大切です。

**※ケーシング詰め**
練った魚肉をケーシング(ハムやソーセージの肉を包む薄い袋)に詰めて密封したあと、加熱したもの。

PART 4　卵・乳製品・大豆製品・加工品の保存テク

| 栄養成分 | 賞味期限 |
|---|---|
| 98％以上が水分で食物繊維のグルコマンナンを多く含み、便秘予防に効果的。カルシウム補給にも。 | 冷暗所で<br>**1〜3ヵ月** |

冷蔵 ○　冷凍 ✗　常温 ○　漬ける ✗　干す ✗

# こんにゃく

〈選び方〉
適度な弾力性があり、やわらかすぎないもの。縮んでかたくなっているものは古い証拠

**食感が変わるので冷凍保存は不向き**

### 常温保存　保存期間 1〜3ヵ月

**袋のまま冷暗所に**
開封前なら、袋のまま冷暗所に置いて保存。開封後は冷蔵室へ。

### 冷蔵保存　保存期間 開封後 2〜3日

**水を張る**
使いかけのこんにゃくは水を張った保存容器に入れ、冷蔵室で保存。

**memo　液体の正体は？**
袋の液体は殺菌効果のある石灰水。普通の水よりも長もちするので開封は調理直前に。

**コラム　こんにゃく麺が人気**

〝おなかのお掃除役〟ともいわれ、便秘解消に効果があるこんにゃく。近年では、ダイエット食としてこんにゃく麺が女性に人気。ラーメンやパスタをこんにゃく麺に置き換えれば、それだけでカロリーを大幅カット。そのうえ、食物繊維、グルコマンナン、カルシウムを含んでいるので便秘解消や血糖値、コレステロール値を下げる効果も。

ミニ検証③

COLUMN

# クッキー生地は冷蔵？冷凍？

クッキーのレシピに「生地を冷蔵室で寝かせる」という工程があります。これは、小麦粉に含まれる粘り成分のグルテンを落ち着かせるため。生地が成形された段階では、グルテンの力が強く焼き縮みを起こし、サクッとしないクッキーになってしまいます。もちろん、レシピ通りに冷蔵室で寝かせるだけでもおいしく仕上がりますが、冷凍するとさらに生地が安定し、歯触りのよいクッキーが焼き上がります。クッキー生地が焼ききれなかった場合も、生地をラップで包んで冷凍保存を。焼くときは凍ったまま生地を切って焼きましょう。かたいようなら冷蔵室で半解凍を。

Before

After（1カ月後）

〈保存方法〉
筒状にした生地をラップで包み、冷凍用保存袋に入れて冷凍。
保存期間：1カ月

しっかりおいしい！
サクサクとした歯触り！

# PART 5

＼まだまだ保存できる！／

# 主食＆
# その他食品
## の保存テク

主食や粉類、調味料、お茶などは、
使いきれずに残っても放置しがち。
でも実際は、傷んでしまうことも。
ここでは〝見落としがちな食品保存
テクニック〟をご紹介します。

Preservation technique of staple food and other food.

# 米・雑穀・ごはん

密閉容器に移し替えるのがポイント

| 旬 | 栄養成分 | 保存期間 |
|---|---|---|
| **秋**（9月中旬〜10月）<br>1 2 3 4 5 6 7 8 9 10 11 12 | 炭水化物が主成分だが、脳細胞の活性化や動脈硬化抑制に有効なアミノ酸の一種ギャバを含む。 | 常温で<br>春夏は精米日から **1カ月**<br>秋冬は精米日から **2カ月** |

**冷蔵 ○**（ごはん✗）　**冷凍 ○**（米・雑穀✗）　**常温 ○**（ごはん✗）　漬ける ✗　干す ✗

## 米

〈選び方〉
- 透明感があり、粒が揃っている
- NG! 粒が欠けていたり、変色している

## 雑穀
（あわ、きび、ひえなど）

## ごはん

炊きたてでツヤツヤしている

## 常温保存

**保存期間:精米日から1カ月(春夏)／精米日から2カ月(秋冬)**

### 別袋や容器に移して保存

**STEP 1 別袋に移す**
ポリ袋だと蒸れてしまうので通気性のよい紙袋に移し替える。

**STEP 2 唐辛子を入れる**
虫を防ぐために唐辛子1本を入れる。虫がわいてから入れても効果がないので注意。

**小分けにすると便利**
劣化を防ぐため、使う分量ずつ小分けにして乾燥と酸化を防止。しっかり密閉する。

---

## 冷蔵保存

**保存期間:精米日から1~2カ月**

### 夏場は冷蔵室に入れて密閉保存

**米は保存容器に**
しっかり密閉できる保存容器に移し替えて冷蔵。冷蔵室での保存が望ましい。

**雑穀も同様**
米と同様、乾燥、酸化、ニオイ移りを防ぐため、密閉できる保存容器に移し替えて冷蔵。

**memo ごはんは冷蔵OK?**
炊き上がったごはんは冷凍保存がベスト。冷蔵保存だと黄色く変色し、かたくなって味が落ちます。

---

## 冷凍保存

**保存期間:1カ月**

### ラップで炊きたてのおいしさそのまま

**STEP 1 粗熱を取る**
平らな皿にラップをのせ、炊きたてのごはんを広げて粗熱を取る。

**STEP 2 トレイにのせる**
ラップでぴっちり包み金属トレイにのせて急速冷凍する。

**» おいしい解凍法**
**電子レンジ加熱でホカホカ!**
真ん中をくぼませておくと手早く解凍できる。解凍時に水か酒を少量ふりかけて電子レンジで加熱するとふっくらする。

生麺・蒸し麺・乾麺

| 栄養成分 | 消費期限・賞味期限 |
|---|---|
| 麺類の主成分は炭水化物。お米に並ぶ主食としてエネルギー源となる。そばは食物繊維が多い。 | **麺の種類による** |

| 冷蔵 ○ | 冷凍 ○ | 常温 ○ | 漬ける ✕ | 干す ✕ |
|---|---|---|---|---|
| （乾麺△） | （乾麺✕） | （生麺・ゆで麺・蒸し麺✕） | | |

# 麺

## 麺の種類により保存法もさまざま

## 生麺 長期保存なら冷凍がおすすめ

### 生そば・生うどん
傷みが早いため冷蔵か冷凍保存を。

賞味期限 **冷凍室で 2〜3週間**

### 生パスタ
自家製なら小麦の風味を保つために冷凍保存を。

賞味期限 **冷蔵室で 5〜10日**

---

**コラム** 手延べそうめんは古い方がおいしい？

手延べそうめんは3年ものが熟成されて、食感がよくなりおいしくなります。ただし、保存場所によって虫がわくこともあるので注意。

**安心ポイント** 製造日や賞味期限を確認

生麺、蒸し麺を購入するときは、製造日、賞味期限を確認します。乾麺は湿度が60％以上になるとカビが発生する可能性があるので注意。

PART 5　主食＆その他食品の保存テク

# 蒸し・ゆで麺

常温保存不可なので、すぐに食べない場合は冷凍を。

## 蒸し中華そば

さっと使えて便利なため、冷凍保存で常備すると◎。

消費期限　冷蔵室で **5日**

## ゆでうどん・そば

未開封の袋入りは、そのまま冷蔵室に保存して。

消費期限　冷蔵室で **5日**

# 乾麺・パスタ

開封後でも、密閉容器に入れれば長もち。

## そうめん

直射日光を避け通気性のよい場所で保存。

賞味期限　冷暗所で **3年**

## パスタ

開封後でも正しく保存すれば賞味期限内までおいしく食べられる。

賞味期限　冷暗所で **2〜3年**

生麺・蒸し麺・乾麺

## 冷蔵保存

**保存期間 開封後 2〜3日**

### 生そば・生うどん

**STEP 1 紙タオルで包む**
開封後は袋から出して、結露防止のためペーパータオルで包む。

» **STEP 2 さらにラップで包む**
乾燥と熟成を防止するため、ラップでぴっちり包み冷蔵室で保存。

### 生パスタ

**紙タオル&ラップ**
乾燥しないようにラップでぴっちり包み冷蔵室へ。

## 冷凍保存

**保存期間 1カ月**

### 生パスタ

**STEP 1 1食分ずつラップ**
乾燥しないように1食分ずつラップで包み、平らにして空気をぬく。

» **STEP 2 保存袋に入れる**
冷凍用保存袋に入れて空気をぬき、密閉して冷凍。

### 生そば・生うどん

**ラップ&保存袋**
乾燥しないようにラップでぴっちり包み、冷凍用保存袋に入れる。

## 常温&冷蔵保存

**保存期間 賞味期限まで(パスタ) 賞味期限まで(乾麺)**

### 乾麺

**密閉袋に入れる**
密閉できる袋や容器に入れて保存。ニオイが移りやすいのでしっかり密閉。

### パスタ

**密閉容器に入れる**
密閉容器かペットボトルに入れて保存。ボトルの口はちょうど1人前になるので便利。

---

**memo**

**パスタはゆでて油をからめる**

パスタはゆでたあとに油をからめておくと、麺がくっついたりせず2〜3日ほど保存可能。

238

PART 5 　主食＆その他食品の保存テク

冷蔵 & 冷凍 保存

## ゆで麺・蒸し麺

**保存期間**
冷蔵室で5日
冷凍室で2週間

**袋のまま**
開封していなければ袋のまま冷蔵室で保存。開封後はラップで包む。

**STEP 1　1食分ずつラップ**
乾燥しないようにラップで包む。

**STEP 2　保存袋に入れる**
冷凍用保存袋に入れて空気をしっかりぬいて冷凍。

---

» **おいしい解凍法**　麺に合った解凍法で

**生麺、生パスタは冷凍で時短**
生麺、生パスタが残ってしまったときは、風味を落とさないために早めに冷凍しましょう。生麺も生パスタも1カ月を目安に食べきるのがベスト。解凍の際は、凍ったまま好みのかたさにゆでればOK。凍ったままゆでるので時短調理ができます。

**ゆで麺、蒸し麺は熱湯で解凍**
ゆで麺や蒸し麺は、熱湯に30〜40秒入れて菜箸でほぐすか、ザルに入れ熱湯を回しかけて解凍を。電子レンジ解凍の場合は半解凍が◎。一度冷凍した麺を、解凍後に再冷凍するのは絶対に×。残ることがないように小分けして保存。

---

**memo**

**注意したい乾麺の保存**
乾麺は長期保存がきくので安心しがちですが、注意すべきことがあります。まず、ニオイが移りやすいので石けんなどのニオイが強いものの近くに置かないこと。また、湿気を吸収しやすいので湿度にも注意して保存を。カビや虫が発生することがあります。

パン・シリアル

| 栄養成分 | 消費期限 |
|---|---|
| ライ麦や全粒分を使用しているパンは、疲労回復に有効なカリウム、リンが豊富。 | 冷暗所で **5日** |

冷蔵 ✕ / 冷凍 ◯ / 常温 ◯ / 漬ける ✕ / 干す ✕

## パン

夏場はカビやすいので早めに冷凍

### 食パン

**NG!** 生地が乾燥し味が落ちてしまうので食パンの冷蔵保存は✕。

### フランスパン

保存性が高いが、すぐかたくなるので2日で食べきるのがベスト。

---

### 冷凍保存

保存期間 2週間〜1カ月

**ラップ＆保存袋**
1枚、または1カットずつラップで包み、冷凍用保存袋に入れる。

**クルトン・パン粉に**
かたくなってしまったパンは、パン粉やクルトンにして活用。

**» おいしい解凍法　自然解凍後にトースト**
室温で自然解凍。ラップのかわりにアルミホイルで包めば、そのままトーストが可能。

---

**安心ポイント　原材料をチェック**
低コストで大量生産をしているパンには、余計な添加物が使用されている可能性があります。気になる場合は表示を確認しましょう。

**コラム　冷凍パンをおいしくトースト**
フランスパンなどのかたいパンはすぐ乾燥してしまうので、自然解凍後に霧吹きで表面に少し水を吹きかけてから焼くとふっくら焼き上がる。

| 栄養成分 | 賞味期限 |
|---|---|
| 穀物やナッツなどを使用しているため、食物繊維、ビタミン、ミネラルが豊富。 | 冷暗所で **1年** |

冷蔵 ○　冷凍 ○　常温 ○　漬ける ✗　干す ✗

# シリアル

冷凍すればさらに、
長もちするので保存食にも

### 冷凍保存　保存期間 開封後 賞味期限まで

**冷凍用保存袋で**
購入時に入っている銀袋ごと冷凍用保存袋に入れて密封して冷凍。

### 常温&冷蔵　保存期間 開封後 1〜3週間

**乾燥剤と一緒に**
乾燥剤を入れた密閉容器に移して冷暗所または冷蔵。

**» おいしい解凍法　自然解凍でOK!**
基本は自然解凍で。凍った状態でもポロッとほぐれるので冷たいまま食べても。

**安心ポイント　砂糖使用など確認を**
シリアルには砂糖入りの甘いものやプレーンのもの、油を使用しているものなど種類が多く、原材料もさまざま。表示を見て確認しましょう。

**コラム　ミューズリーって何?**
美容効果があると人気のミューズリー。これはシリアルにナッツやドライフルーツをプラスした食品。砂糖、塩、油不使用だからダイエットに最適。

乾物

## もっと！保存できる食品＆調味料

開封後、賞味期限がわからなくなってしまうことの多い乾物や調味料。「まだ使えるかな？」と迷わないために保存方法をしっかり確認！

開封後の湿気や酸化を防ぐためそれぞれに適した方法で保存を

## 切り干し大根
栄養価がギュッと詰まった乾物の代表

| 栄養成分 | 賞味期限 |
|---|---|
| カルシウム、カリウム、食物繊維が豊富。便秘予防に。 | 冷暗所で **6カ月～1年** |

**常温＆冷蔵**

保存期間：開封後…冷蔵室で賞味期限まで

**開封後は冷蔵**
開封後は密閉保存袋に入れて空気をしっかりとぬき、冷蔵室で保存。

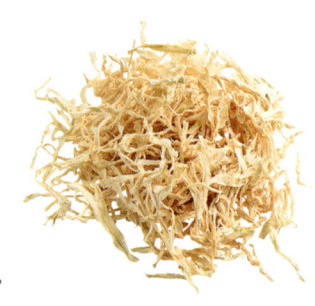

## 春雨
保存袋に入れて密閉して冷蔵保存

| 栄養成分 | 賞味期限 |
|---|---|
| 主にじゃがいもでんぷんで作られ、腹もちもよい。 | 冷暗所で **2年** |

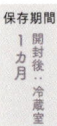

**常温＆冷蔵**

保存期間：開封後…冷蔵室で1カ月

**開封後は密閉**
開封後は傷みやすいので密閉して冷蔵保存。早めに食べきること。

242

## ごま

湿気に弱いので密閉容器に移し替えて

| 栄養成分 | 賞味期限 |
|---|---|
| 強力な抗酸化作用をもつビタミンEとリノール酸が豊富。 | 冷暗所で **6カ月** |

**常温＆冷蔵**

保存期間（開封後）
冷蔵室で1カ月

### 密閉容器に
湿気に弱い食材なので、開封後は密閉容器に入れて冷蔵室へ。

---

## 干しえび（桜えび）

多くの水分や油を含んでいるので冷凍保存が◎

| 栄養成分 | 賞味期限 |
|---|---|
| 凝縮された豊富なカルシウムは骨粗鬆症に効果的。 | 冷暗所で **6カ月** |

**冷蔵＆冷凍**

保存期間（開封後）
冷蔵室で1カ月
冷凍室で2〜3カ月

### 乾燥を防止する
開封後は乾燥を防止するため、冷凍用保存袋に入れて保存。

---

## かつお節

酸化しやすいので密閉保存が理想的

| 栄養成分 | 賞味期限 |
|---|---|
| 細胞を活性化させるイノシン酸が豊富で、新陳代謝向上。 | 冷暗所で **6カ月** |

**冷蔵＆冷凍**

保存期間（開封後）
冷蔵室で1カ月
冷凍室で2〜3カ月

### 密閉して冷蔵保存
開封後は香りがとんだり、酸化しないように密閉して冷蔵。

# ハーブ

生ハーブはペーパータオルで包む

## パセリ　乾燥しないように冷蔵保存を

| 旬 | 栄養成分 | 保存期間 |
|---|---|---|
| 春<br>（3〜5月） | β-カロテンが豊富。生活習慣病、美肌、口臭予防に効果的。 | 野菜室で<br>1週間 |

- 冷蔵 ○
- 冷凍 ○
- 常温 （2〜3日）
- 漬ける ✕
- 干す ○

### 干す　保存期間 1カ月
**茎を陰干し**
葉も干せるが、茎が余ったら陰干しして煮込み料理のスパイスに。

### 冷凍保存　保存期間 1カ月
**冷凍用保存袋に**
葉のみを摘み冷凍用保存袋に入れて冷凍。凍ったまま砕いても。

### 冷蔵保存　保存期間 1週間
**紙タオル&ポリ袋で**
ペーパータオルで包み、ポリ袋に入れて立てて保存。

## バジル　バジルペーストをまとめて作っても

| 旬 | 栄養成分 | 保存期間 |
|---|---|---|
| 夏〜秋<br>（7〜9月） | カロテン豊富で、鎮咳、消化促進、精神疲労に効果的。 | 野菜室で<br>1週間 |

- 冷蔵 ○
- 冷凍 ○
- 常温 （2〜3日）
- 漬ける ○
- 干す ○

### 干す　保存期間 1カ月
**1枚ずつ干す**
干してドライバジルに。できたら密閉容器に入れて常温保存。

### 冷凍保存　保存期間 1カ月
**小分けラップ**
小分けにしラップで包み冷凍用保存袋に入れて冷凍室へ。

### 冷蔵保存　保存期間 1週間
**紙タオル&ポリ袋で**
ペーパータオルで包み、ポリ袋に入れて野菜室で保存。

PART 5 | 主食＆その他食品の保存テク

## ローズマリー

干したり、オイル漬けにすれば長期保存も

| 旬 | 栄養成分 | 保存期間 |
|---|---|---|
| 通年 | 抗菌作用、抗ウイルス作用があるロズマリン酸が主成分。 | 野菜室で**1週間** |

冷蔵 ○　冷凍 ○　常温 ○（2～3日）　漬ける ○　干す ○

### 漬ける　保存期間 1カ月

**オイル漬け**
フレッシュでもドライでもオイルに漬けて風味を移す。

### 干す　保存期間 1カ月

**紙袋を下に置く**
枝を逆さにして陰干し。乾燥すると落ちるので紙袋を下に置く。

### 冷蔵保存　保存期間 1週間

**紙タオルで包んで**
ペーパータオルで包み、ポリ袋に入れて立てて保存。

## ペパーミント

はちみつ漬けやハーブティーに

| 旬 | 栄養成分 | 保存期間 |
|---|---|---|
| 夏～秋（6～9月） | 鎮静効果があり偏頭痛やストレスケアに。胸焼けにも効果あり。 | 野菜室で**1週間** |

冷蔵 ○　冷凍 ○　常温 ○（2～3日）　漬ける ○　干す ○

### 漬ける　保存期間 1カ月

**はちみつ漬け**
瓶などにはちみつと一緒に入れて保存。紅茶やデザートに。

### 干す　保存期間 1カ月

**葉先を摘んで干す**
まとめて干すとカビやすいので、葉先を摘んで干す。

### 冷凍保存　保存期間 1カ月

**空気を抜いて冷凍**
小分けにしてラップで包み、冷凍用保存袋に入れ冷凍。

### 冷蔵保存　保存期間 1週間

**紙タオル＆ポリ袋で**
ペーパータオルで包み、ポリ袋に入れて冷蔵。

# 粉類・茶葉・その他

粉類や飲料、氷の正しい保存方法をマスター

## 粉類　湿気とニオイをカットして常温保存
（小麦粉・片栗粉・上新粉・ベーキングパウダー・コーンスターチ・米粉など）

**賞味期限**
冷暗所で
薄力粉・中力粉 **1年**
強力粉 **6カ月**

**常温保存**　保存期間（開封後）1～2カ月

### 密閉容器に入れる
一度袋を開けたら密閉容器に移し、冷暗所で保存するのがベスト。

### 袋ごと密閉容器へ
密閉容器に袋ごと入れて冷暗所に保存。ニオイや湿気防止に。

### memo
**パンが膨らまない理由は？**
古い小麦粉は酵素や空気中の酸素の影響でたんぱく質などが劣化し、グルテンがうまく形成されなくなる。

## コーヒー　高温、湿気を避けて保存を
（レギュラー＆インスタント）

**賞味期限**
冷暗所で
レギュラー **1年**
インスタント **3年**

**インスタント**
**常温保存**　保存期間（開栓後）1カ月

**レギュラー**
**冷蔵保存**　保存期間（開封後）1週間（粉）/1カ月（豆）

**冷凍保存**　保存期間 3カ月

### キャップを閉める
開栓後はキャップをしっかりと閉めて密閉し、冷暗所で保存。

### 完全密封して保存
開封後は密閉容器に入れ、冷蔵室で保存してニオイをカット。

### 1杯分ずつラップ
1杯分ずつにラップで包み、冷凍用保存袋に入れて密閉。

PART 5 | 主食&その他食品の保存テク

## 茶葉
（緑茶・紅茶など）
**冷凍が長もち**

賞味期限
冷暗所で
緑茶 **6カ月**
紅茶 **1～2年**

### 常温&冷蔵
保存期間（開封後）
冷蔵室で 2週間（緑茶）
1カ月（紅茶）

**開封後は密閉を**
開封後は、保存袋に入れて密閉または缶や瓶に入れる。

### 冷凍保存
保存期間
3カ月（緑茶）
1年（紅茶）

**小分けラップで**
1回量ずつラップに包み、冷凍用保存袋に入れて密閉。

## 麦茶パック
**密閉保存袋に入れて冷蔵が◎**

賞味期限
冷暗所で **1年**

### 冷蔵&冷凍
保存期間（開封後）
冷蔵室で6カ月
冷凍室で1年

**密閉保存袋に入れて**
開封後、密閉保存袋に入れて冷蔵&冷凍保存を。

### 冷蔵保存
保存期間
冷蔵室で3日

**煮出しして冷蔵**
ポットに入れて煮出して冷蔵保存。水出しは当日中。

## 水&氷
**水は雑菌を入れないように冷蔵を**

賞味期限
水 冷暗所で **1～3年**
氷 冷凍室で **1週間**

### 常温&冷蔵
保存期間（開栓後）
冷蔵室で2日～1週間

**開栓後は冷蔵室へ**
開栓前は冷暗所に保存。開栓後は必ず冷蔵室に保存を。

### 冷凍
保存期間
1週間

**冷凍用保存袋に**
自家製氷は冷凍用保存袋に入れて保存。氷が小さくならない。

調味料

# 調味料 上手に保存して使いきる

## 塩

**常温保存**
保存期間(開封後) 無期限

保存期間
冷暗所で **無期限**

**密閉容器に入れる**
密閉容器に入れる。冷暗所の保存がベスト。

**電子レンジで加熱**
かたまったらラップをかけずに電子レンジで15〜20秒加熱。

## 砂糖

**常温保存**
保存期間(開封後) 無期限

保存期間
冷暗所で **無期限**

**密閉容器に入れる**
密閉容器に入れ、冷暗所に保存。

**霧を吹く**
砂糖がかたまってしまったら、霧を吹いて密閉しておく。

## しょうゆ

**常温&冷蔵**
保存期間(開栓後) 冷蔵室で1カ月

賞味期限
冷暗所で **1年半**

**冷蔵室で保存**
開栓後は冷蔵室に入れて保存。開栓前は冷暗所が最適。

**しょうゆ差しへ**
大きなボトルのしょうゆは、しょうゆ差しに移し替え。

## みそ

**冷蔵保存**
保存期間(開封後) 2カ月

賞味期限
冷蔵室で **3〜6カ月**

**常に密閉を**
空気に触れると劣化する。開封後は密閉保存袋に入れて冷蔵。

**表面を平らに**
使うたびに表面を平らにし、中敷きやラップでぴっちり覆う。

PART 5 | 主食＆その他食品の保存テク

## みりん・みりん風調味料

**常温＆冷蔵**
保存期間（開栓後）
冷暗所で3カ月
冷蔵室で3カ月

賞味期限
冷暗所で
みりん **1年半**
みりん風調味料 **1年**

**本みりんは冷暗所**
開栓後、本みりんは冷暗所、みりん風味調味料は冷蔵保存。

## 酢

**常温保存**
保存期間（開栓後）
6カ月

賞味期限
冷暗所で
**2年**

**冷暗所で保存**
開栓後は蓋を閉め、冷暗所に保存。ぽん酢は冷蔵保存。

## マヨネーズ

**常温＆冷蔵**
保存期間（開栓後）
冷蔵室で1カ月

賞味期限
冷暗所で
**10カ月**

**空気をぬいて保存**
チューブの中の空気をぬいて酸化を防ぐ。開栓後は冷蔵室へ。

## 料理酒

**常温＆冷蔵**
保存期間（開栓後）
冷蔵室で2カ月

賞味期限
冷暗所で
**9カ月〜1年**

**開栓後は冷蔵保存**
料理酒は保存料が入っているので開栓後は蓋をして冷蔵保存。

## トマトケチャップ

**常温＆冷蔵**
保存期間（開栓後）
冷蔵室で1カ月

賞味期限
冷暗所で
**1年半〜2年**

**開栓後は冷蔵室へ**
開栓後は冷蔵室に入れて。表面に水が出てもよくふればOK。

## カレールウ

**常温＆冷蔵**
保存期間（開封後）
冷蔵室で3カ月

賞味期限
冷暗所で
**1年半**

**開封後は冷蔵室へ**
開封後は、ラップをして保存袋に入れ、冷蔵室で保存。

調味料

## レモン果汁100％

**常温&冷蔵**
保存期間（開栓後）
冷蔵室で
1〜2週間

賞味期限
冷暗所で
**9カ月**

**冷蔵室で保存**
開栓後はきちんと蓋をして冷蔵。風味もそれほど落ちません。

## マスタード

**常温&冷蔵**
保存期間（開栓後）
冷蔵室で1カ月

賞味期限
冷暗所で
**7カ月〜1年半**

**開栓後は冷蔵室へ**
開栓後に蓋を閉めて冷蔵保存。分離したらかき混ぜればOK。

## 粉末だし

**常温** 保存
保存期間（開封後）
2カ月

賞味期限
冷暗所で
**1年**

**密閉容器に入れる**
開封後は口を折り曲げて乾燥剤と一緒に密閉容器に保存。

## うまみ調味料

**常温** 保存
保存期間（開封後）
無期限

保存期間
冷暗所で
**無期限**

**密閉容器に入れて**
袋の場合は、密閉保存容器に移し替えて保存。

## はちみつ

**常温** 保存
保存期間（開栓後）
賞味期限日まで

賞味期限
常温で
**2年**

**栓をよく閉める**
保存性が高いので常温で保存。蓋をしっかり閉めて密閉。

## 油・ごま油 オリーブオイル

**常温** 保存
保存期間（開栓後）
1〜2カ月

賞味期限
冷暗所で
**1〜2年**

**常温または冷暗所**
空気に触れないようにしっかりと蓋をし、冷暗所で保存。

PART 5 | 主食＆その他食品の保存テク

## 焼き肉のタレ

**常温＆冷蔵**
保存期間（開栓後）
冷蔵室で2週間

賞味期限
冷暗所で
**1年**

**蓋をきちんと閉める**
開栓したら発酵しやすいので蓋をしっかり閉め、冷蔵保存。

## ドレッシング

**常温＆冷蔵**
保存期間（開栓後）
冷蔵室で1カ月

賞味期限
冷暗所で
**3〜6カ月**

**開栓後は冷蔵室**
開栓後は冷蔵保存。非加熱処理タイプは開栓前も冷蔵保存。

## 薬味チューブ

**常温＆冷蔵**
保存期間（開栓後）
冷蔵室で1カ月

賞味期限
冷暗所で
**9カ月〜1年**

**口の周囲を拭く**
チューブの口の汚れを拭き、空気をぬいて蓋を閉めて冷蔵。

## ソース
（中濃ソース・ウスターソース）

**常温＆冷蔵**
保存期間（開栓後）
冷蔵室で1〜2カ月

賞味期限
冷暗所で
**2年**

**開栓後は冷蔵室**
開栓した後は冷蔵室での保存が基本。蓋をしっかりと閉めて。

## ピーナッツバター

**冷蔵保存**
保存期間（開栓後）
2カ月

賞味期限
冷蔵室で
**1年半**

**冷蔵室で保存**
開封後も冷蔵室で保存。蓋はしっかり閉めて。

## ジャム

**常温＆冷蔵**
保存期間（開栓後）
冷蔵室で1カ月

賞味期限
冷暗所で
**2年**

**蓋を開けたら冷蔵**
開栓前は常温保存。開栓後は、蓋をしっかり閉めて冷蔵保存。

プロセスチーズ … 214
ブロッコリー … 18、27、31、38、39、86
粉末だし … 250
ベーキングパウダー … 142
ベーコン … 176
ペパーミント … 245
ほうれん草 … 14、15、26、27、32、35、39、52
干しえび（桜えび）… 243
ほたて … 194

■ま
マーガリン … 220
まいたけ … 108
まぐろ … 155、188
マスタード … 250
マッシュルーム … 109
マヨネーズ … 249
みかん … 136
水 … 247
みそ … 248
水菜 … 26、54
みりん・みりん風味調味料 … 249
麦茶パック … 247
メロン … 31、135
麺 … 236
モロヘイヤ … 26、55

もやし … 26、120

■や
焼き肉のタレ … 251
薬味チューブ … 251
ゆず … 129
ヨーグルト … 217

■ら
料理酒 … 249
緑茶 … 247
りんご … 13、29、31、34、103、138
レタス … 14、15、27、34、56、140
レバー … 19、172
レモン … 128
レモン果汁100％ … 250
れんこん … 96
ローズマリー … 245

■わ
わかめ … 183

たらこ … 201
チーズ … 214
ちくわ … 228
中華そば … 237
チンゲン菜 … 36、46
手羽先 … 164
豆乳 … 226
豆腐 … 209、211、222
とうもろこし … 26、39、77
トマト … 12、13、18、27、28、30、34、80
トマトケチャップ … 249
鶏ささみ … 17、164
鶏むね肉 … 144、149、164
鶏もも肉 … 17、146、149、164
ドレッシング … 251

■ な
長いも … 13、39、104
なす … 13、19、27、30、82
ナチュラルチーズ … 215
納豆 … 226
生クリーム … 208、210、219
なめこ … 109
にら … 17、26、27、39、48
にんじん … 14、19、22、26、27、39、94
にんにく … 13、26、27、114

ねぎ … 13、26、39、113、118

■ は
白菜 … 19、26、27、39、50
バジル … 244
パスタ … 236、237
パセリ … 27、244
バター … 220
はちみつ … 250
バナナ … 12、13、30、134
ハム … 176
春雨 … 242
パン … 240
ハンバーグ … 156、158
はんぺん … 229
ピーナッツバター … 251
ピーマン・パプリカ … 27、39、84、113
ひき肉 … 156、158、174
ピザ用チーズ … 215
豚薄切り肉 … 15、17、148、160
豚こま切れ肉 … 160
豚かたまり肉 … 160
豚とんかつ・ステーキ用肉 … 142、160
フランスパン … 240
ぶり … 155、186、188
ブルーチーズ … 215

ごはん … 234
ごぼう … 12、13、14、26、34、90
ごま … 243
米 … 234
米粉 … 242
小松菜 … 14、42
小麦粉 … 246
こんにゃく … 16、231
昆布 … 183、188

■さ
鮭 … 15、157、184
刺身 … 188
雑穀 … 234
さつま揚げ … 229
さつまいも … 26、27、34、39、98
里いも … 26、100
砂糖 … 248
さやいんげん … 73
さやえんどう … 72
しいたけ … 14、18、106
塩 … 248
しじみ … 196
しめじ … 107、113
じゃがいも … 12、16、17、26、27、31、34、39、102

ジャム … 251
春菊 … 44
しょうが … 24、27、116
上新粉 … 242
しょうゆ … 248
食パン … 240
しらす干し … 199
シリアル … 241
酢 … 249
すいか … 133
ズッキーニ … 76
スライスチーズ … 214
セロリ … 27、74
そうめん … 237
ソース … 251
ソーセージ … 176
そば … 236、237
そら豆 … 26、39、61

■た
鯛 … 185
大根 … 18、19、27、39、92、113
たこ … 155
卵 … 204、206、212
玉ねぎ・新玉ねぎ … 13、14、25、26、78
たら … 155、185

## 食品保存・INDEX

### ■あ
あさり … 196
あじ … 152、180
アスパラガス … 26、58
厚揚げ … 224
油・ごま油・オリーブオイル
… 250
油揚げ … 224
アボカド … 31、39、122
いか … 150、155、190
いくら … 200
いちご … 124
いわし … 181
うどん … 236、237
うなぎのかば焼き … 198
うまみ調味料 … 250
えび … 192、202
枝豆 … 26、27、60
えのきだけ … 107
エリンギ … 108
オクラ … 26、27、62
オレンジ … 126

### ■か
かじき … 186
片栗粉 … 246
かつお … 155
かつお節 … 243

カッテージチーズ … 215
かぶ … 19、27、88
かぼす … 129
かぼちゃ … 18、26、34、35、39、64
かまぼこ … 228
カマンベールチーズ … 215
カリフラワー … 39、66
カレールウ … 249
キウイフルーツ … 29、31、131
キャベツ … 19、27、33、34、39、40
きゅうり … 12、19、27、30、34、39、68
牛薄切り肉 … 17、168
牛角切り肉 … 168
牛こま切れ肉 … 168
牛ステーキ用肉 … 168
牛乳 … 16、218
切り干し大根 … 242
クッキー生地 … 232
グレープフルーツ … 132
紅茶 … 247
高野豆腐 … 226
コーヒー … 246
ゴーヤ … 70
コーンスターチ … 242
氷 … 247
粉チーズ … 214

## 徳江千代子 (とくえちよこ)

東京農業大学元教授・博士（農芸化学）。「食品の保蔵・加工における多様な食品機能」を主なテーマに研究を続ける。また、野菜や果物の成分、栄養、保存方法、食品の賞味期限や保存方法等に詳しく、著書に『野菜がいちばん』（いしずえ）、監修書に『賞味期限がわかる本』（宝島社）、『野菜と果物を「安心」して食べる知恵』（二見書房）、『野菜のストック便利帳』（大泉書店）などがある。ほか、食品に関するコメンテーターとしても活躍中。

## Staff

撮影　　　　　　田中宏幸
デザイン　　　　吉村 亮　大橋千恵　眞柄花穂（Yoshi-des.）
編集・構成　　　丸山みき（SORA企画）
調理・編集アシスタント　大森奈津　谷口由美子　岩本明子（SORA企画）
　　　　　　　　角島理美
企画・編集　　　森 香織（朝日新聞出版 生活・文化編集部）

---

もっとおいしく、ながーく安心
## 食品の保存テク

監修　徳江千代子
編著　朝日新聞出版
発行者　橋田真琴
発行所　朝日新聞出版
〒104-8011 東京都中央区築地5-3-2
電話　（03）5541-8996（編集）
　　　（03）5540-7793（販売）
印刷所　大日本印刷株式会社

© 2015 Asahi Shimbun Publications Inc.
Published in Japan by Asahi Shimbun Publications Inc.
ISBN 978-4-02-333046-7

定価はカバーに表示してあります。
落丁・乱丁の場合は弊社業務部（電話03-5540-7800）へご連絡ください。
送料弊社負担にてお取り替えいたします。

本書および本書の付属物を無断で複写、複製（コピー）、引用することは著作権法上の例外を除き禁じられています。また代行業者等の第三者に依頼してスキャンやデジタル化することは、たとえ個人や家庭内の利用であっても一切認められておりません。